FILOSOFIA BANTU

Dados Internacionais de Catalogação na Publicação (CIP)
(Câmara Brasileira do Livro, SP, Brasil)

Tempels, Placide, 1906-1977
Filosofia bantu / Placide Tempels ; tradução de Caesar Souza. – Petrópolis, RJ : Vozes, 2025. – (Coleção África e os Africanos)

Título original: La philosophie bantoue
Bibliografia

1ª reimpressão, 2026

ISBN 978-85-326-7125-7

1. Filosofia bantu I. Título. II. Série.

25-265002 CDD-199.6

Índices para catálogo sistemático:
1. Filosofia africana 199.6
Cibele Maria Dias – Bibliotecária – CRB-8/9427

FILOSOFIA BANTU

Placide Tempels

Tradução de Caesar Souza

EDITORA VOZES

Petrópolis

Tradução do original em francês intitulado *La philosophie bantoue*.

Direitos de publicação em língua portuguesa – Brasil:
2025, Editora Vozes Ltda.
Rua Frei Luís, 100
25689-900 Petrópolis, RJ
www.vozes.com.br
Brasil

Diagramação: Victor Mauricio Bello
Revisão gráfica: Nilton Braz da Rocha
Projeto gráfico de capa: Renan Rivero
Adaptação de capa: Editora Vozes

ISBN 978-85-326-7125-7 (Brasil)
ISBN 978-2-7087-0855-6 (França)

Sumário

Prefácio: Niam m'paya*

Eis aqui um livro essencial aos negros, à sua tomada de consciência, ao seu desejo de se situar em relação à Europa. Deve ser também o livro de cabeceira de todos aqueles que se preocupam em compreender os africanos e de encetar um diálogo vivo com eles.

Para mim, este pequeno livro é o mais importante dos que já li sobre a África: minhas preocupações me levavam a esperá-lo. Como me levaram a desejar que Jean-Paul Sartre investisse seu notável talento e sua rara independência moral para projetar os lampejos de seu espírito luminoso, sutil e ágil, sobre os meandros ainda imprecisos de nosso tenebroso destino.

Dois estudos capitais para o mundo negro. Um contribui para revelar a alma dos negros autênticos inseridos em seu meio natural vivificante. O outro desvela o sentido atual de sua aventura no labirinto europeu.

Falaremos, em outro lugar, de "*Orfeu negro*"**, como de um evento importante, o primeiro que marca a entrada do negro, como presença ativa, na cidade a ser reconstruída para todos.

Agradecemos ao Rev. Frei Tempels por nos haver dado este livro, testemunho para nós da humildade, sensibilidade e probidade que marcaram suas relações com os negros.

Agradeço, igualmente, a Lovania por nos ter permitido a edição na França.

* De um provérbio tucolor "Niam n'goura – Niam n'goura vana niam m'paya", que significa, literalmente: "Coma para viver, não para engordar" [N.T.].

** Título do prefácio de Jean-Paul Sartre a *L'Anthologie de la nouvelle poésie nègre et malgache de langue française*, de Léopold Sedar Senghor, PUF, 1948 [N.T.].

O que há, portanto, de mais impressionante que o espetáculo da angústia: um ente abandonado, destituído de todas as garantias sociais, reduzido à sua liberdade nua, à sua impotência original e entregue ao terror do destino?

A autêntica grandeza que se destaca de um tal espetáculo não caracteriza, porém, a miséria na Europa.

A miséria, aqui, inspira apenas a piedade. Mas uma piedade débil e pálida. Uma piedade que se esvai rápido, tão logo surge; inconsistente, como se tivesse vergonha de si. O ente humano, diante da miséria, parece temer, por sua sensibilidade nervosa, uma náusea ou uma embriaguez de pequena natureza. Assim, o frágil Rilke temia que a música de Beethoven desviasse sua alma de uma vocação descoberta às custas de penívei e ferventes encantamentos. Mas Rilke sabia ter piedade...

A miséria, sutil, ondulante, espalha-se por tudo, inunda tudo, embebe, permeia as consciências e as coisas, e termina por assumir a aparência de uma beleza estranha com a qual algumas almas se consolam.

Miséria de todos em geral: o ente humano, inquieto, criado e recriado sem cessar para aumentar e precisar seu poder, para salvar e aclarar sua liberdade em contato com a dos outros. Mas infelizmente nem sempre chega a aumentar (e essa é uma fonte, sem dúvida, do desequilíbrio) sua força moral ao mesmo tempo que seu poder material. É estupeficante, por exemplo, ver até onde pode chegar a credulidade dos europeus médios, o que alimenta sua fé desarmada (e quase desesperada) nesses sucedâneos espirituais que são os valores eminentemente cambiantes como a moda.

A miséria é flagrante ao trágico puro, nessa favela em que faltam o ar e a luz. É uma miséria que se ignora, que só arma a consciência de reflexos amargos e impotentes, de sonhos débeis e desumanizados.

Miséria dos intelectuais, engajados no dédalo dos valores, onde os falsos mal se distinguem dos verdadeiros, onde, como estrelas, expandem-se e se extinguem, uma após outra. Miséria dos artistas, dos pensadores, que não têm recursos suficientes para avaliar, por seus meios, as criações em relação às quais devem situar as suas.

Miséria de soberanos, que não comandam os humanos nem os eventos, mas vivem da arte de se manter graças ao acaso e à confiança ingênua do povo.

Miséria de um povo, infelizmente, vítima por vezes da paixão, eclodida em uma raiva justa, mas imprecisa; muitas vezes, de uma propaganda competente, sempre a mesma, jamais suspeita, e que devora a intimidade mais secreta, o equilíbrio e a lucidez essenciais.

Miséria de uma sensibilidade rica de sua mobilidade e que não finge, não nutre, qualquer fidelidade. Miséria de uma inteligência que só conhece situações e relações, e que abandona toda experiência concreta.

Miséria da alma que ignora, por serem objetos de luxo, a amizade, o amor pacífico, a família, a fé; da alma à qual a tirania dos eventos serve de entusiasmo natural.

Miséria da Europa que sobrecarrega os meios e perdeu o gosto da felicidade a ponto de a sacrificar aos meios: a superabundância do trigo se torna aí um mal; e a angústia, um grande bem, condição e quase substância da liberdade, esse bem supremo, esse verdadeiro fim dos fins.

Uma vez mais, essa liberdade, que se assemelha estranhamente à "forma" (em linguagem esportiva), vive e se experiencia somente nas situações de felicidade e de equilíbrio difícil.

A Europa nem sempre se dá conta... não é? Eis aí, há séculos ela só se reflete no espelho de sua consciência, e se condena a se conhecer, a conhecer a vida apenas incompletamente, uma vez que priva os outros – menos por ódio do que por um pudor enfermo – do olhar, da fala, que teria permitido compreender e revelar o destino da humanidade.

O preço de tanto poder técnico deve ter sido a cegueira, fruto da alienação, da miséria e do medo.

Essa miséria inata é, para nós, a pior das maldições: a perda do que o Rev. Frei Tempels chama o poder vital. Entenda aqui não a vontade de poder do nazismo, mas a atitude essencial de acolhimento das bondades, ou, melhor, da bondade da existência. Porosa à suculência da vida mais que às suas deficiências e perigos, a alma dos negros dedica ao mundo, como ao milagre total – e, contudo, insondável, irredutível a uma simples equação de forças – a adoração de um amor, não apaixonado (a paixão coisifica os entes), mas fervente.

Para os negros, a vida vale a pena ser vivida. A felicidade é *o fim* confessável e ao mesmo tempo único da existência.

Não possui contorno preciso, compreensível do exterior; nem objeto da razão, nem obra exclusiva da vontade individual.

É absolutamente concreto e gratuito. Não que o mérito não intervenha. Mas esse não poderia ser um fim em si. Em vez disso, um signo dessa riqueza essencial, o "poder vital".

Esse, mais do que o amor-próprio ou a vontade, define o ente humano.

Vemos que esse universo, coroado de plenitude autêntica, é de outra ordem (como diria Pascal), diferente daquela da Europa centrada nessa liberdade, objeto de todo amor, e estranhamente incompreensível através das épocas.

Infelizmente, o gênio de nossa civilização, tão respeitoso da autonomia dos entes, da liberdade do outro, prestava-se maravilhosamente a se submeter ao jugo da vontade de poder. Estudaremos alhures esse fenômeno curioso que é a colonização, entre nós, e a contradição que inflige ao gênio europeu, o nódulo que erige, como um abcesso, sobre o caminho de sua história e que opõe ao destino da humanidade.

A dupla questão que se coloca é a de saber se o gênio negro deve cultivar o que faz sua originalidade, essa juventude da alma, esse respeito inato do ente humano e do criado, essa alegria de viver, essa paz que é não desfiguração do ente humano imposta e sofrida pela higiene moral, mas harmonia natural com a majestade feliz da vida... Perguntamo-nos também o que os negros podem oferecer ao mundo moderno.

Se pudéssemos responder com precisão a essas duas perguntas, não teríamos, sem dúvida, criado "Présence Africaine".

O que podemos dizer é que a própria noção de cultura, concebida como vontade revolucionária, é contrária ao nosso gênio, como a própria noção de progresso. O progresso só atormentava nossa consciência porque tínhamos algumas queixas contra a vida, elemento natural.

Quanto à contribuição dos negros à Cidade Moderna, só se determinaria facilmente caso se pudesse definir com uma clareza rigorosa a tendência dos modernos para se confundirem, no limite extremo, com a consciência histórica.

Sabemos apenas que, exceto pelos europeus, os africanos não podem entrar no ciclo moderno sem perder o frescor virginal de suas características tradicionais.

Eles também se alienarão e conhecerão essa miséria da qual estamos falando. Nada neles servirá para se voltarem para si. Seus valores conforme o livro de Frei Placide Tempels (e conforme podemos compreendê-los pela análise de obras folclóricas: o que a Europa ainda não soube fazer, perturbada pelas qualidades muito discretas de criações desprovidas de coquetismo) não se conservam por uma ação militante, uma vez que não são fruto dela.

Sem dúvida, o peso da presença africana suavizará o clima ansioso do mundo de amanhã, mas essa será uma contribuição involuntária e difícil de apreciar hoje.

De qualquer modo, quando um universo movente se apropria de você, é prudente contrair as panturrilhas e a atenção. O abandono e a inconsciência poderiam ser mortais.

Daniel Halévy publicou recentemente um livro pequeno, elegante e sedutor: *Essai sur l'accélération de l'histoire* [Ensaio sobre a aceleração da história]. Temos o direito de não adotar a tese inspirada em Leibniz. Mas podemos crer que o destino humano é o de se retirar cada vez mais ao repouso, à estabilidade e, portanto, aos alimentos que o sustentavam até aqui e lhe conferiam esse equilíbrio evocador da eternidade serena e viva – para se entregar a essa liberdade que é angústia, atividade combativa, tensão, equilíbrio instável e história. Essa liberdade cuja forma mais bela é a vigilância do amor!

Com efeito, a Europa fez essa experiência fundamental segundo a qual o ente humano não pode se encontrar sem se buscar. Que a faça, então. Longe de perder sua vida, ele a ganhará. Quanto a nós, africanos, é possível que tenhamos amor suficiente disponível para não enfear demais a cidade comum de amanhã.

De qualquer modo, nossa vontade é a de marcar um encontro com a Europa na terra do universal. Que ela não falte à aula, e que, ao longo de seu trajeto, a flor do sentimento ou da má-fé não a retenha. Nosso trajeto até nós terá sido mais duro. Mas como esse se chama o caminho da fé no ente humano, não tardamos em escolher…

Alioune Diop (1945)

1

Em busca de uma filosofia bantu

1. A vida e a morte condicionam o comportamento humano

Constatou-se, muitas vezes, que uma pessoa europeia, que, ao longo de sua vida, abandonou toda prática religiosa cristã, retorna facilmente à atitude cristã quando o sofrimento ou a agonia levanta o problema da conservação e da sobrevivência, ou o da perda e da destruição de seu ser. Muitos céticos não voltam a buscar, diante da morte, a solução prática do problema da redenção ou da danação. Na Europa, o sofrimento e a morte são sempre os dois grandes apóstolos que, no último momento, trazem alguns desgarrados de volta aos princípios de nossa tradição cristã.

Do mesmo modo, vemos muitos Bantus, "civilizados" evoluídos, e até cristãos, retornarem à sua atitude antiga toda vez que estão expostos ao tédio, ao perigo ou ao sofrimento. Isso ocorre porque seus ancestrais lhes deixaram sua solução prática do grande problema humano, do problema da vida e da morte, da salvação ou da destruição. Portanto, vários Bantus, muito superficialmente convertidos ou civilizados, possuídos por uma força determinante, retornam ao comportamento e às concepções herdadas de seus ancestrais, que lhes são ditados por seu atavismo.

Entre os Bantus, e verdadeiramente entre todos os povos originários, a vida e a morte são os grandes apóstolos da fidelidade às concepções "mágicas" e do recurso às práticas "mágicas" tradicionais.

2. Todo comportamento humano repousa em um sistema de princípios

Se os europeus modernos e hipercivilizados não conseguem se libertar da atitude ancestral, é porque seus reflexos repousam sobre um sistema filosófico completo, de inspiração cristã, sobre uma concepção intelectual, clara, completa e positiva, do universo, dos entes humanos, da vida e da morte e da sobrevivência de um princípio espiritual: a alma. Essa acepção do mundo visível e invisível está muito profundamente impressa na mentalidade da cultura ocidental para não ressurgir irresistivelmente durante os grandes eventos da vida.

É bem possível, tanto para a pessoa como para o grupo clânico, ou para os povos, que sejam precisamente os mistérios da vida e da morte, da permanência e da destruição, que engendraram o medo – agente psicológico – responsável pela origem de certos comportamentos e práticas redentoras. Contudo, seria muito pouco científico reter, como único fundamento desses comportamentos, apenas a influência do meio e os fatores psicológicos (emoção, fantasia ou imaginação pueril). Com efeito, não se trata de estudar a atitude de algumas pessoas, e, sim, de comparar duas concepções da vida: de um lado, a cristã ocidental, e, de outro, a "mágica" – duas concepções que, perpetuadas através do tempo e do espaço, ao longo dos séculos, abrangem povos e grupos culturais inteiros.

A permanência dessas atitudes através dos séculos de evolução contingente só encontra explicação satisfatória na presença de um conjunto de conceitos logicamente coordenados e motivados, em uma "sabedoria". O comportamento não pode ser universal, nem permanente no tempo, se não tiver em sua base um conjunto de ideias, um sistema lógico, uma filosofia positiva completa do universo, dos entes humanos e das coisas que os cercam, da existência, da vida, da morte e da sobrevivência.

Sem excluir outras incidências (divinas ou humanas), devemos postular, buscar e encontrar, como fundamento último de um comportamento humano lógico e universal, um pensamento humano lógico.

Não há comportamento vital sem um sentido da vida; não há vontade de vida sem conceito vital; não há prática redentora constante sem filosofia da salvação.

Devemos então nos surpreender ao encontrarmos entre os Bantus, e, mais geralmente, entre os povos originários, como fundamento de suas concepções intelectuais do universo, alguns princípios básicos, e inclusive um sistema filosófico, relativamente simples e originário, derivados de uma ontologia logicamente coerente?

Várias vias devem conduzir à descoberta de um sistema ontológico semelhante. Um conhecimento aprofundado da língua, um estudo rigoroso da etnologia, um exame crítico do direito, ou ainda a maiêutica muito apropriada do ensino do catecismo, podem nos revelá-lo.

É possível também – e é aparentemente a via mais curta – retraçar diretamente o pensamento profundo dos Bantus, penetrá-lo e analisá-lo. Sua filosofia já foi estudada e desenvolvida como tal? Se não, já é tempo de alguém se ocupar dela, a fim de investigar e definir o pensamento fundamental de sua ontologia, única chave que permite penetrar o pensamento dos nativos.

Não esperemos que apareçam os primeiros africanos (e, especialmente, os jovens), que possam nos fazer uma exposição sistemática de seu sistema ontológico. Porém, essa ontologia existe: ela penetra e permeia todo o pensamento dos nativos, domina e orienta todo o seu comportamento.

Pelos métodos de análise e síntese de nossas disciplinas intelectuais, podemos, e, portanto, devemos, prestar aos "povos originários" o serviço de investigar, classificar e sistematizar os elementos de seu sistema ontológico.

Quem supõe que os povos originários não possuem sistema de pensamento os exclui automaticamente da classe dos humanos.

Aqueles que o dizem, contradizem-se, aliás, fatalmente. Citaremos apenas um exemplo tomado de R. Allier, que, em *La psychologie de la conversion* (1927, p. 138), escreve: “Pergunte aos Basoutos, diz Dieterlen, a razão desses costumes; eles são incapazes de responder. Eles não refletem. Não têm teorias nem doutrinas. Para eles, a única coisa que importa é a realização de alguns atos tradicionais, o contato preservado com o passado e com os antepassados”. Mas, em duas páginas adiante, lemos: “O que torna irresistível essa oposição dos chefes? É o medo de romper o vínculo místico, que, para o chefe, estabelece-se com os ancestrais, e é o medo das catástrofes que isso pode acarretar”. O que é esse “vínculo místico” ou essa “influência dos ancestrais”, senão os elementos de um sistema de pensamento? Seria um simples instinto ou um medo irrazoável? Não seria mais razoável e mais científico investigar quais ideias sustentam essa reação diante do “vínculo místico?” Talvez pudéssemos inclusive nos abster, após isso, dessa palavra polivalente: “mística”.

3. É necessário investigar o instrumento intelectual, os conceitos e os princípios fundamentais filosóficos dos Bantus

Quem quer que queira estudar os povos originários ou os povos originários evoluídos deve renunciar chegar a conclusões cientificamente valiosas, enquanto não puder penetrar sua metafísica. Afirmar *a priori* que os povos originários não têm ideias sobre os entes, não têm ontologia e que carecem de toda lógica é dar as costas à realidade. Todos os dias podemos nos aperceber de que os povos originários são diferentes das crianças afetadas por uma imaginação fantástica. É enquanto humanos que aprendemos a os conhecer, aqui mesmo, entre eles. Apenas o folclore e a descrição superficial de costumes estranhos não podem bastar para descobrirmos e compreendermos os entes humanos originários. A etnologia, a linguística, a psicanálise, a ciência do direito, a sociologia e o estudo das religiões só poderão fornecer conclusões definitivas após a filosofia e a ontologia dos povos originários terem sido completamente estudadas e descritas.

Com efeito, se os povos originários têm uma concepção particular do ente e do universo, essa "ontologia" própria dará um caráter especial, uma cor local, às suas crenças e práticas religiosas, a seus hábitos, ao seu direito, às suas instituições e costumes, às suas reações psicológicas e, de modo mais geral, a todo seu comportamento. Isso é tão verdadeiro que, na minha humilde opinião, os Bantus, como todos os povos originários, vivem mais do que nós de ideias e conforme suas ideias.

Isso dito por aqueles que querem "estudar" os Bantus e os povos originários.

Porém, uma melhor compreensão do domínio do pensamento bantu é igualmente indispensável para todos que são chamados para viver entre os nativos. Isso concerne, portanto, a todos os colonizadores, mas muito particularmente àqueles que são chamados a dirigir e a julgar os Bantus, a todos aqueles que são atentos a uma evolução favorável do direito clânico, em suma, a todos aqueles que desejam civilizá-los, educá-los, elevá-los. Mas, se isso concerne a todos os colonizadores de boa vontade, dirige-se particularmente aos missionários.

Se não penetrarmos a profundeza de sua personalidade própria, se não determinarmos o fundamento de seus atos, não é possível compreender os Bantus. Não entramos em contato espiritual com eles. Não nos fazemos compreender por eles, sobretudo, quando abordamos as grandes verdades espirituais. Ao contrário, ao crermos "civilizar", arriscamos atentar contra o "humano", trabalhar para aumentar os desarraigados e ser os responsáveis por revoltas.

Encontramo-nos desconcertados diante dos costumes e do direito dos nativos. Não é possível diferenciar entre o que é respeitável e o que é nefasto, sem um critério que permita não apenas reter aquilo que é bom no costume, mas ainda tudo que se considera bom, e podar tudo o que é mau. Ora, convém salvaguardar, proteger com cuidado, depurar e refinar tudo o que é respeitável no costume, a fim de estabelecer nele o elo ou, caso se queira, a cabeça de ponte, pela qual os nativos poderão aceder sem transgressão ao que podemos lhes oferecer de civilização sólida, profunda e verdadeira. Somente partindo da verdade, do bom e sólido costume dos Bantus, podemos conduzi-los na direção de uma verdadeira civilização.

No fato de nos altos escalões não sabermos a qual santo nos dedicar para dirigir os Bantus, encontra-se, menos que jamais, uma política nativa estável. E, quando se trata de fornecer as diretivas sólidas e dignas de crédito para garantir sua evolução e sua civilização, o fato de nos vermos aí desprovidos deve ser atribuído à ignorância de sua ontologia, a não termos conseguido ainda fazer a síntese de seu pensamento, a não sermos, por conseguinte, capazes de os julgar.

Dissemos e também repetimos que a evangelização e o catecismo deviam ser adaptados... adaptados a quem? Podemos construir igrejas ao estilo dos nativos, introduzir melodias africanas na liturgia, empregar a linguagem nativa, emprestar as vestimentas dos beduínos ou dos mandarins, mas a verdadeira adaptação continua sendo **a adaptação da mente**. Terei a ocasião de voltar a esse ponto. Espero poder, a seu tempo, submeter à crítica um ensaio de catequese "adaptada".

4. A lacuna que separa europeus e povos nativos negros subsistirá e aumentará enquanto não os encontrarmos nas aspirações sãs de sua ontologia[1]

Por que os nativos negros não mudam? Por que os pagãos, os não civilizados, são estáveis, e por que os evoluídos, os cristãos, não são? Porque os pagãos vivem de suas noções tradicionais de teodiceia e de ontologia, que abarcam toda sua vida e lhes fornecem

---

1. "Chamo atenção para o sentido no qual vocês se esforçam para descobrir o pleno valor humano da raça negra. O ponto de vista que vocês adotam em relação a ela evoca todas as minhas felicitações e estou certo de que – como escrevem tantas personalidades distintas – os frutos de seu trabalho serão enormemente vantajosos à compreensão, à estima e à simpatia, que, conforme a vontade de Deus, devem unir todos os países, independentemente das raças às quais pertençam" (Dom Pierre Célestin Lou Tseng Tsiang, OSB).

uma solução completa do problema vital; porque, por outro lado, os evoluídos, e muitas vezes os cristãos, não conseguem assimilar o pensamento ocidental, que nos esforçamos por fazê-los adotar com o cristianismo, enquanto não conseguiram por si colocá-lo em seu modo de vida novo em relação aos seus valores ancestrais, com sua filosofia própria. Aqueles permaneceram intactos e subjacentes, ainda que rejeitados por nós em bloco com todos os usos equivocados e desaprovados. Porém, essa filosofia era a característica dos "humanos" entre os Bantus; tinha sua essência própria. Abandoná-la tem para eles o valor de um suicídio intelectual. Era precisamente esse pensamento bantu que era necessário enobrecer.

Portanto, deveremos surpreender-nos com aquilo que, através do verniz de sua "civilização", os "nativos negros" continuam a compreender? Surpreendemo-nos de os ver, tendo passado anos em meio aos europeus, readaptarem-se com facilidade e em pouco tempo à comunidade de seu lugar de origem. Eles se encontram aí, em pouco tempo, reabsorvidos; é porque não tiveram propriamente que se readaptar, uma vez que a base de seu pensamento não foi alterada. Nada nem ninguém os separa de sua filosofia.

Quantos civilizados, ou verdadeiros evoluídos, poderíamos contar entre os nativos do Congo? Os desarraigados e os degenerados são uma legião. Os materialistas que se perderam na tradição ancestral, sem terem compreendido o pensamento e a filosofia ocidentais, não estão em falta. A maior parte, porém, permaneceu "muntu" sob uma leve camada de imitação dos europeus. Como, por exemplo, o secretário da colônia em cuja casa fizemos uma investigação durante as revoltas de fevereiro de 1944: descobrimos em sua casa um caderno rabiscado do início ao fim com fórmulas de práticas mágicas; ...ele as havia copiado na casa de outro secretário... que as havia transcrito.

Durante essas revoltas, isto é o que esses evoluídos de Elisabethville ainda pretendem: "Enfim, encontramos o meio 'mágico' para ter a força dos brancos, uma vez que não terão mais que a nossa. Os negros serão, daí em diante, brancos; esses, aqueles".

Esses exemplos nos mostram claramente como os evoluídos persistem em "raciocinar" conforme o pensamento bantu, conforme os princípios da interferência das forças. De quem é a culpa? Dos Bantus? Chegou talvez o momento de fazer uma confissão geral, e, em todo caso, é hora de abrir os olhos. Todos nós, missionários, magistrados, administradores e todos aqueles que dirigem, ou devem dirigir, os nativos negros, não penetraram sua "alma", pelo menos não tão profundamente como deveríamos. Que isso se traduza por uma constatação distorcida ou por uma confissão contrita, o fato permanece. Por não termos penetrado a ontologia dos Bantus, permanecemos incapazes de lhes oferecer uma doutrina espiritual assimilável e uma síntese intelectual compreensível. Por não termos compreendido "a alma" bantu, não fizemos o esforço metódico para que essa tivesse uma vida mais pura e mais intensa[2].

Afirma-se que condenar o conjunto de suas pretensas "puerilidades e costumes de não civilizados" com sentença "é estúpido e é mau", assumimos nossa parte da responsabilidade de ter matado o "humano" nos Bantus[3].

Acrescentemos, agora, que são os intelectuais dispostos, os dirigentes da sociedade nativa e, mais particularmente, os missionários, os únicos que podem fazer algo útil em favor da civilização dos Bantus. Para introduzi-los na verdadeira civilização, será necessário, com efeito, muito mais ainda além do bem-estar material, da ação social tão exaltada e da preparação de clérigos, e será necessária outra coisa ainda além do ensino do "ki-francês"...

Como tantos outros pensei anteriormente que dissiparíamos suas "puerilidades" com conversas apropriadas sobre fenômenos

---

2. Mons. Van Schingen, vigário apostólico de Kwango (Congo Belga) me escreve: "Direi a você simplesmente que suas páginas dão razão àqueles que, conscientes da dificuldade de atingir a alma dos Bantus e de compreender sua profundidade, esforçam-se por encontrar uma base sólida, que serve para apoiar seu método de adaptação".

3. Adiante, veremos que o meio eficaz definitivo de combater a magia não consiste em reprimir as concepções dos Bantus, mas lhes fazer ver que as práticas mágicas os colocam em contradição com os princípios sãos de sua filosofia.

naturais, higiene etc., como se as ciências naturais prejudicassem sua sabedoria ou sua filosofia. Revertemos, desse modo, "suas ciências naturais", mas suas ideias fundamentais do universo permanecem inalteradas. Um exemplo explicará meu pensamento. Às vezes não compreendemos quando, entre os Bantus, uma pessoa é acusada de ser a causa da doença, e mesmo da morte, de outra, simplesmente por ter discutido com ela, ou por tê-la insultado ou a maldito. É um processo comum. Ora, a pessoa acusada obedece, paga pelos danos que lhe são reclamados, geralmente, sem muitas objeções, e, por vezes, inclusive, a despeito da sentença contrária de um tribunal europeu. Com efeito, para os Bantus, o processo é claro e incontestável. Eles têm uma noção diferente das relações entre os humanos, da causalidade e da responsabilidade. O que consideramos elucubrações ilógicas sombrias suas, o que taxamos de cupidez, de exploração dos fracos, é para eles a dedução lógica de sua percepção das coisas, e se torna uma necessidade ontológica. Se, depois disso, quisermos convencê-los da absurdidade de sua apreciação fazendo-os ver como essa pessoa adoeceu e do que morreu, ou seja, mostrando-lhes as causas físicas da morte e da doença, perderemos nosso tempo. Poderíamos dar-lhes uma aula de microbiologia e lhes fazer ver com seus olhos, ou mesmo os fazer descobrir por si no microscópio e, conforme as reações químicas, a "causa" da morte, e ainda não teríamos resolvido seu problema. Resolveríamos simplesmente o problema fisiológico ou químico relacionado a ele. A causa profunda verdadeira, a causa metafísica, subsiste para eles, em conformidade ao seu pensamento, à sua sabedoria ontológica. Veremos mais adiante o quanto esse ponto de vista é lógico.

Assim, conosco, eles aprendem a ler e a escrever, a calcular e a fazer contas, a se familiarizarem com nossas técnicas; mas, como seus irmãos que habitam a aldeia, sentem e experienciam todos os dias que seus "motivos" não são compreendidos pela incompreensão dos europeus e que sua sabedoria vital elementar se encontra ulcerada. Sua estima e sua confiança em nós correm o risco de sucumbir a essa experiência.

5. Essas noções fundamentais e esses primeiros princípios revelam realmente a filosofia?

Nas últimas décadas admitimos sucessivamente que o fundamento da religião dos povos originários era o manismo, o animismo, a mitologia cósmica, o totemismo, magismo, até que alguns finalmente descobriram que os povos originários tinham originalmente a fé e o culto ao ente supremo, o espírito criador. Essas diferentes escolas descreveram e estudaram o comportamento desses povos do ponto de vista de seu sistema. É surpreendente que tantos autores de cada uma dessas escolas tenham pressentido, apalpado e mesmo tocado a base única dessas diversas práticas, notadamente, a ideia fundamental da ontologia bantu[4].

Porém, não encontramos muitos estudos sistemáticos dessa ontologia. Até agora, a etnologia parecia desejar retraçar, antes de toda a gênese, as origens e a evolução do costume dos povos originários em vez de investigar sua "razão íntima". Não há sequer definição bem-estabelecida, nem, sobretudo, definição universalmente aceita do animismo, do totemismo, do dinamismo e da magia. É esse o vocabulário, ou é essa a compreensão, que faltam aos pesquisadores europeus?

A meu ver, todas essas apresentações do pensamento dos povos originários não foram suficientemente aprofundadas, estudadas e definidas do seu ponto de vista. Quantas pretensas definições não encontramos que se limitam a descrever superficialmente o aspecto exterior dos costumes desses povos?

Por que o universal "muganga" (quaisquer que possam ser as variantes vernaculares de sua denominação) encontra-se designado, entre os autores, por nomes díspares como bruxos, fetichistas, necromantes, curandeiros, especialistas etc.? Falta, portanto, uma

4. Pouco após a libertação, um colega me traz da Europa a obra de Westermann: *Der Afrikaner Heute und Morgen*, 2. ed., Essener Verlaganstalt, 1942. Tive a agradável surpresa de encontrar nela os princípios fundamentais de minha teoria das forças.

definição precisa. Mas o que os Bantus pensam desses personagens? Eis a definição que temos de buscar.

Admitamos que os Bantus sejam "animistas", no sentido em que atribuem uma "alma" a todos os entes, ou os consideremos "dinamistas", no sentido em que reconhecem um "mana", uma força universal que anima os entes do universo. Contudo, deveremos colocar aos próprios Bantus as perguntas: "Como essas almas ou essa força universal podem, conforme vocês, agir sobre os entes? Como se faz a interação dos entes? Como o 'bwanga' (medicamento mágico, amuleto, talismã...) pode, conforme vocês, curar pessoas? Como os mfwisi, os muloji, os bruxos podem matar vocês, mesmo a distância? Como uma pessoa morta pode renascer? O que vocês entendem por esse renascimento? Como a cerimônia de iniciação pode tornar uma simples pessoa mortal uma munganga, uma curadora mágica, ou, como faremos aparecer mais adiante, uma mestra das forças? Quem inicia? A pessoa ou o espírito? Como a iniciada adquire o 'conhecimento' e o 'poder'? Por que a maldição possui um efeito destruidor? Como possui? Como se faz com que os catecúmenos, às vésperas de seu batismo, venham nos dizer: 'Sem dúvida, nossos remédios mágicos são eficazes, mas queremos renunciar a recorrer ao seu uso?'"

Perguntas semelhantes ultrapassam a descrição superficial das práticas costumeiras. Contudo, elas não estão condenadas a permanecer sem resposta. A resposta que todos os Bantus darão é invariavelmente a mesma. O que nomearam magia, animismo, manismo ou dinamismo, em suma, todo costume dos Bantus, repousa sobre um princípio único, o reconhecimento da natureza íntima dos entes, ou seja, sobre o princípio de sua ontologia. Pois é desse termo filosófico que é necessário designar seu conhecimento do ente, da existência das coisas.

6. Podemos falar de filosofia bantu?

Admite-se, universalmente, que a humanidade evolui. Os Bantus em meio aos quais vivemos não são povos originários puros.

Evoluíram. É certo que sua religião, notadamente, evoluiu. Suas práticas, hábitos, costumes, comportamento devem igualmente ter evoluído.

Supomos que o fundamento da religião dos povos originários tenha sido ou o manismo, o animismo, o totemismo ou a magia. Conforme pesquisas históricas recentes, parece estabelecido que o culto ao ente supremo é, ao menos tão antigo, se não mais, que a magia. Deveremos concluir que os Bantus foram sucessivamente monoteístas, depois, animistas e então totêmicos? Que tenham, portanto, alguma vez mudado de religião? Deveremos admitir que essas mudanças de religião foram o fruto de revoluções? Não é mais verossímil que essas modificações de concepções religiosas tenham sido o resultado de uma evolução progressiva a partir de sua religião originária? Essa questão não me parece poder ser disputada: houve evolução e não revolução.

Eis aqui a melhor prova: os Bantus atuais preservaram sua fé nos elementos de sua religião original teísta, porém, nós os vemos, ao mesmo tempo, manistas, animistas, dinamistas, totêmicos e praticantes da magia. Mas há mais: todos podem facilmente verificar hoje que os Bantus contemporâneos dirão, ao falarem do manismo, do fetichismo, do animismo etc.: "tudo isso é desejado por Deus, o ente supremo, e tudo isso foi dado para ajudar os humanos".

Depois disso, poderemos ainda pretender que, a cada mudança de prática, mudaram de mentalidade, que modificaram seu sistema de pensamento e sua concepção do mundo? E se, ao contrário, encontramos essas diversas práticas coexistentes, devemos concluir disso que os Bantus chegaram a ter seis ou sete sistemas filosóficos paralelos? É necessário, ao contrário, razoavelmente, admitir que todas essas diversas manifestações se conectam a uma concepção única, a uma mesma ideia do universo, a um mesmo sistema metafísico.

Todas essas práticas religiosas como, aliás, a concepção jurídica e a organização política da sociedade, formam apenas um todo lógico no pensamento dos Bantus. Essas diversas realidades são explicadas e justificadas por eles em virtude de sua filosofia única, a ontologia bantu.

Não é nosso objetivo retraçar a origem ou a evolução do pensamento bantu. Não se trata mais de portar desde agora um juízo sobre o valor intrínseco dessa filosofia. Abstenhamo-nos, provisoriamente, de todo juízo, para fazer apenas a etnologia. Tentemos antes de tudo compreender o seu pensamento. Temos de saber quais são suas noções, sua interpretação racional da natureza dos entes visíveis e invisíveis. Essas concepções podem se mostrar exatas ou errôneas; em todo caso, devemos admitir que essas ideias sobre a natureza das coisas do universo são conhecimentos essencialmente metafísicos e constituem uma "ontologia". Antes de ensiná-los nosso pensamento filosófico, tentemos penetrar o seu. Sem penetração filosófica, a etnologia é apenas folclore... Não podemos mais nos contentar com locuções vagas como: "forças misteriosas dos entes", "algumas crenças", "influências indefiníveis" ou "uma certa concepção dos entes humanos e da natureza". Definições semelhantes, destituídas de todo conteúdo, não têm exatamente qualquer alcance científico.

Certamente, não pretendemos que os Bantus sejam capazes de nos apresentar um tratado de filosofia, exposto em um vocabulário adequado. Nossa formação intelectual nos permite fazer seu desenvolvimento sistemático. Somos nós que podemos lhes dizer, de um modo preciso, qual é o conteúdo de sua concepção dos entes, de maneira que se reconheçam em nossas falas, e aquiesçam dizendo: "Tu nos compreendeste, nos conheces agora completamente, tu 'sabes' da forma como 'sabemos'".

Além disso, se pudermos adaptar o ensino da verdadeira religião ao que pode ser respeitado em sua ontologia, poderemos ouvir, como ocorreu para mim, testemunhos como: "agora, não te enganas mais, falas como nossos pais; parecia-nos que tínhamos razão..." eles sentiam, sem dúvida, que meu ensino, mesmo ao rejeitar as conclusões falsas de sua filosofia, adaptava-se maravilhosamente a qualquer "essência de verdade" de seus conceitos fundamentais.

A presente introdução foi escrita apenas após o término do estudo sistemático da ontologia bantu, e após a construção da síntese de sua filosofia e de sua aplicação a nossas doutrinas religiosas e ao ensino do catecismo.

Esta introdução é uma resposta às considerações e objeções levantadas por meus colegas que muito desejaram tomar conhecimento de meu estudo e de minhas exposições que tratam da ontologia bantu. Ela é o fruto de discussões por vezes muito animadas. É graças às suas críticas que pude elaborar esses esclarecimentos destinados a prevenir certas objeções que, sem este preâmbulo, teriam ocorrido a muitos leitores. No desenvolvimento desse tema introdutório, meu objetivo foi preparar e aplainar a vista. Satisfaz-me poder convencer meus leitores de que uma verdadeira filosofia pode existir entre os nativos, e que é necessário investigá-la. Várias pessoas já me deram este testemunho: "É isso o que sempre pensei"[5].

O problema da ontologia bantu, de sua existência, encontra-se, assim, colocado. Podemos, agora, encetar a exposição de sua filosofia, que talvez seja a filosofia comum de todos os povos originários, de todos os povos clânicos[6].

---

5. Muitos colonizadores que vivem em contato constante com os povos negros me garantiram que o que escrevi não é novo, mas ordena as imprecisões de suas constatações, em seu conhecimento prático desses povos.

6. O Prof. Melville, Y. Herskovits, da Northwestern University Evanston, Illinois, Estados Unidos, escreve: "Estou interessado no fato de que muitas das ideias que Frei Tempels expõe como vindas do Congo Belga estejam tão próximas daquelas que encontrei entre os povos sudaneses da área costeira da Guiné. São também as mesmas ideias que encontrei em áreas como Haiti, Brasil e Suriname no Novo Mundo". Jean Capart, o egiptólogo, escreveu: "Falei da filosofia bantu ao meu redor e fiz meus colaboradores lerem o pequeno livro de Frei Tempels. Prometo-me reler a filosofia e os *Elementos de direito consuetudinário dos povos negros* (de E. Possoz), pois tive a impressão, desde o primeiro contato, de encontrar ali a chave de muitos fenômenos egípcios. Muitas vezes, é um erro abordar os estudos das civilizações antigas remontando-as às nossas e desejando mensurá-las com um padrão que não lhes convém. A concepção da vida permite unicamente dar à religião egípcia todo seu valor e separá-la das excrescências parasitárias que nos impressionam desfavoravelmente e determinam nossos julgamentos pejorativos".

2

A ONTOLOGIA DOS BANTUS

1. A terminologia utilizada

Antes de abordar a exposição da filosofia bantu devemos justificar o emprego de termos aos quais devemos recorrer. Isso evitará certas objeções.

Uma vez que trataremos de filosofia, devemos usar vocabulário filosófico acessível aos leitores europeus. Como o povo bantu tem um pensamento diferente do nosso, que denominaremos, provisoriamente, "filosofia mágica", nossas palavras talvez não cubram completamente seu pensamento. Nossos vocábulos europeus fornecerão apenas uma aproximação de conceitos e princípios estranhos para nós.

Mesmo que tenhamos de recorrer a uma tradução literal dos termos bantus, devemos explicá-lo aos leitores não informados sobre o alcance dessas expressões.

Somos, portanto, forçados a recorrer ao nosso vocabulário, mesmo que isso signifique termos que sempre especificar as restrições ou extensões que precisam ser feitas ao seu significado aceito, para exprimir o conceito bantu com exatidão.

Se nossa terminologia parecer inadequada aos leitores, a despeito dessa precaução, convidamo-los a proporem outra, a fim de avançarem, com sua colaboração, para uma solução mais perfeita.

O presente estudo não pretende, aliás, ser mais do que uma hipótese, um primeiro ensaio de desenvolvimento sistemático da filosofia bantu. É necessário aqui distinguir dois elementos bem distintos:

1) a análise da filosofia bantu.

2) a expressão ocidental pela qual tentei torná-la acessível aos leitores europeus.

Assim, mesmo que essa expressão pareça defeituosa, não seria necessário deduzir que o próprio objeto deste estudo, a análise do pensamento bantu, encontrar-se-á maculado. Peço gentilmente aos leitores que dediquem sua melhor atenção ao problema essencial do estudo do pensamento bantu, em vez de prejudicá-lo devido à questão acessória da terminologia.

2. O método

Como fazer uma exposição sistemática da filosofia bantu justificando a objetividade da hipótese?

Com efeito, é necessário desenvolvermos uma teoria coerente e provar que corresponde ao pensamento, ao estado de espírito e aos costumes dos Bantus.

Poderíamos começar pelas correspondências entre as línguas, comportamentos, instituições e costumes dos Bantus; poderíamos analisá-los e compreender suas ideias fundamentais; finalmente, poderíamos construir, a partir desses elementos, um sistema do pensamento bantu.

É essa, de fato, a via que segui. É a via árdua das tentativas e erros e das investigações, onde uma ideia recebida deve imediatamente ser rejeitada, onde um aparente lampejo pode se extraviar nas trevas. É um trabalho paciente que apenas no fim permite definir noções precisas que se encaixam em um sistema lógico. Gostaria de poupar aos leitores esses desvios.

Além disso, pude experienciar que, quando abordamos o problema pela exposição dos costumes, vocábulos ou instituições determinadas, defrontamo-nos fatalmente com contestações de detalhes. Os costumes têm, com efeito, além de seu valor fundamental, seu tom local. Os exemplos citados são, assim, recusados por considerações como: "entre nós, esse costume é diferente", ou então "entre nós, negros, expressamos diferentemente".

Parece-me, portanto, preferível apresentar, inicialmente, de forma sumária, a hipótese completa da filosofia bantu. Após essa exposição sistemática da teoria, os exemplos (expressões ou comportamentos dos Bantus) que apoiem a tese exposta encontrarão seu lugar; e se a aplicação dessa teoria da filosofia bantu oferece uma explicação suficiente dos fatos, encontraremos aí uma prova da validade, e mesmo da exatidão, de nossa hipótese.

De fato, aqueles que leram diretamente a exposição da teoria me formularam objeções imediatamente, seja contra a própria teoria, seja contra a terminologia empregada... mas sempre porque se colocavam do ponto de vista europeu. Mais tarde, considerando as inúmeras aplicações, em geral, eu os levava a admitir que a filosofia bantu devia ser algo similar. Quanto à terminologia usual, que pode chocar à primeira vista, em geral, também me concediam que era difícil descobrir no vocabulário filosófico das línguas europeias palavras que traduzissem melhor o pensamento bantu.

Pareceu-me que as imperfeições dos termos, não mais que as lacunas eventuais da síntese proposta, não deveriam me fazer protelar mais a comunicação do resultado de minhas pesquisas e deduções concernentes à filosofia bantu. Espero que esta publicação tenha como efeito incitar outros pesquisadores a seguirem as investigações, de modo a atingirem, pela colaboração, um resultado definitivo.

Assim, convido os leitores a lerem este estudo abstraindo tanto sua filosofia ocidental como os preconceitos que já poderiam ter sobre os Bantus e dos povos originários. Peço-lhes que renunciem às ideias recebidas e se esforcem para penetrar o sentido do que é dito aqui, evitando que seu pensamento se dirija à crítica ao meu modo de exposição ou da escolha de termos. Peço-lhes inclusive que reservem seu juízo quanto à apreciação da teoria;

e que, antes de se pronunciarem, tenham a paciência de tomar conhecimento das provas e casos de aplicação que lhes serão fornecidos posteriormente. Depois disso, ser-lhes-á permitido formularem suas críticas e ataques tanto à teoria exposta quanto à sua expressão.

Façamos como os Bantus. Quando têm uma discussão, a regra é que a pessoa que litiga não seja interrompida. E, mesmo quando interrompe sua fala, o juiz perguntará: "Terminaste de falar?"; e só depois dará a palavra à parte adversa.

3. A concepção da vida entre os Bantus – Ela é centrada em um único valor: a força vital

Na boca dos Bantus há palavras que voltam sem parar. São aquelas que exprimem os valores supremos, as aspirações supremas. São como variações sobre um *leitmotiv* que se encontra em sua linguagem, pensamento e em todos os seus atos e gestos.

Esse valor supremo é a vida, a força, o forte viver ou força vital.

De todos os usos estranhos, cujo sentido não compreendemos, os Bantus dirão que servem para adquirir o vigor ou a força vital, para ser fortemente, para fortalecer a vida, ou para garantir sua perenidade na descendência.

No modo negativo é a mesma ideia que se exprime quando os Bantus dizem: agimos de tal modo para sermos preservados do infortúnio, ou de uma diminuição da vida ou do ser, ou ainda para nos proteger de influências que nos aniquilam ou que nos diminuem.

A força, a vida poderosa, a energia vital são o objeto de preces e invocações a Deus, aos espíritos e aos mortos, bem como a tudo que se convencionou chamar magia, feitiçaria e remédios mágicos. Eles mesmos dirão que se dirigem a adivinhos para aprender "falas de vida", que ensinam a forma de fortalecer a vida. Em cada linguagem bantu descobriremos facilmente palavras ou locuções que designam uma força, que não é exclusivamente "corporal", mas “totalmente humana”. Eles falam da força de nosso ser inteiro, de toda nossa vida. Suas falas designam “a integridade” do ente.

O bwanga (que se traduz por remédio mágico) não deve, necessariamente, conforme eles, ser aplicado no ferimento ou no membro doente. Não tem, em primeiro lugar, um efeito terapêutico local, mas fortalece, aumenta diretamente a força vital, ou o próprio ente.

Ao invocarem Deus, os espíritos ou os manes, os pagãos pedirão, sobretudo: “Faça com que eu siga vigoroso”. Quando os incitamos a abandonarem as práticas mágicas, como contrárias à vontade de Deus, e, portanto, más, eles nos respondem: “Que há de mal nelas?” Aos seus olhos, o que classificamos como magia não é senão a implementação de forças naturais colocadas por Deus à disposição dos entes humanos, para o fortalecimento de suas vidas.

Quando tentam se libertar das metáforas ou das perífrases, os Bantus designam Deus como o Poderoso, aquele que possui a força em si. É também o gerador da força de toda criatura, é o “dijina dikatampe”: o grande nome, porque é a grande força, o “mukomo”, como dizem os Baluba, aquele que é mais forte que tudo o mais.

Os manes dos primeiros ancestrais, elevados a um plano sobre-humano, possuem uma força extraordinária como fundadores do gênero humano e propagadores da herança divina do poder vital humano. Os outros mortos contam apenas na medida em que aumentam e perpetuam sua força vital em sua progenitura.

Para os Bantus, todos os entes do universo possuem sua força vital própria: humana, animal, vegetal ou inanimada. Cada ente foi dotado por Deus de uma certa força, suscetível de fortalecer a energia vital do ente mais forte da criação: o humano.

Para os Bantus, a única forma de felicidade, a felicidade suprema, é a posse do maior poder vital; para eles, a pior adversidade e, na verdade, o único aspecto do infortúnio é a diminuição desse poder.

Toda doença, ferimento ou contrariedade, todo sofrimento, depressão ou fadiga, toda injustiça ou toda frustração são considerados e designados pelos Bantus como uma diminuição da força vital.

A doença e a morte não provêm de nossa força vital, mas de um agente exterior, de uma força superior que nos enfraquece. É, portanto, fortalecendo a energia vital em meio a remédios mágicos que nos tornamos resistentes às forças nefastas do exterior.

Não é de surpreender que os Bantus façam alusão a essa força vital em suas saudações e usem fórmulas como: "tu és forte" ou "tu és a vida", e que exprimam sua comiseração em locuções como: "tua força vital se reduziu, consumimos tua vida". Esse é também o sentido da fórmula de condolências: "Wafwa ko!", que traduzimos por "tu morres"; e, devido à nossa tradução errônea, achamos os Bantus incompreensíveis, excessivos e ridículos, quando, ao longo do dia, dizem-se cem vezes "mortos" de fome ou de cansaço, ou que a menor contrariedade ou indisposição os "faz morrer". Em sua mente, exprimem simplesmente uma diminuição vital, e, nesse sentido, sua expressão é razoável e sensata. Em suas línguas existem, aliás, os verbos "kufwa" e "kufwididila", que indicam os graus progressivos da perda da força, da vitalidade, cujo superlativo significa a paralisia total do poder da vida. É errôneo que tenhamos traduzido essas formas verbais por: "morrer" e "morrer completamente".

Assim, compreendemos que o "motivo" que mais desvia os pagãos da conversão cristã e do abandono das práticas mágicas é o temor de atentar contra sua energia vital ao deixarem de recorrer às forças naturais que a sustentam.

Em 1936, dei como tema de redação a estudantes normalistas de Lukonzolwa (Lac Moëro): "Os obstáculos à conversão entre os pagãos". Para minha surpresa, longe de enumerarem uma série de práticas, todos declararam que o grande obstáculo se resumia na convicção de que o abandono dos usos indicados por seus ancestrais levava-os à morte. O obstáculo era, portanto, de ordem mais principial do que prática, o temor se baseava nas "razões" da ontologia bantu.

Alguns desses aspectos do comportamento bantu já permitem ver que a ideia matriz de seu pensamento é o poder vital, do qual Deus é a fonte[7]. A força vital é a realidade invisível, mas suprema, nos entes humanos. E os humanos podem fortalecer sua força vital pela força de outros entes da criação.

4. A ontologia dos Bantus

a) A noção de ente[8]

Todo o esforço dos Bantus é orientado para o poder vital. A noção fundamental de sua concepção do ente é o conceito da força vital.

---

7. A Rev. Irmã Carmela, das Irmãs Missionárias da Notre-Dame da África, faz estas constatações significativas em Bunia, na Província de Ituri (Congo Belga): "... Aqui, os nativos negros jamais falam de 'força vital'. Quando falam dela, dizem: Sim, é bem assim entre nós"; e expressam um sorriso de satisfação. Eles dizem entre eles: "Ela nos conhece!" Mas, entre eles, isso é tão assim que todos sentem e não se deve exprimi-lo. Por exemplo, eles dizem, jamais diremos "a força da vida", pois, para nós, vida e força são a mesma coisa. Se vivemos, é porque somos fortes; se somos fortes, é porque vivemos. Se somos menos fortes, não falamos de vida. Não dizemos mais que a vida "se torna mais forte"; nós sentimos isso, temos a impressão disso. E, se os bens exteriores nos tornam mais fortes, diremos que temos poder... É evidente que a força vital é a grande coisa importante para eles. Eles não possuem também uma pequena ideia do ente, mas como algo completamente superior? Por exemplo, a reflexão desta mulher diante da injustiça por parte de um mais forte: "Deus é". Ela não diz: "Deus vive". Quando não conseguem obter justiça, dizem: "Deus é". Os Babiras, os Bahemias, os Alurs e os Walendus possuem a mesma filosofia dos Bantus. As formas de religião, mudam, sim, mas o fundo é exatamente o mesmo.

8. "O principal valor de seu livro consiste, a meu ver, na demonstração que você faz da diferença que existe entre os povos negros e os europeus, no

A inteligência humana tende a encontrar o sentido de nosso ser e das coisas do universo e exprime as noções adquiridas sejam em termos populares, sejam em definições científicas.

A concepção dos nativos quanto à essência das coisas, bem como as *distinguo* [distinções sutis] mais rigorosas dos sábios profissionais, são conhecimentos intelectuais que não são essencialmente diferentes. Ambos são conhecimento do ente; são metafísicos.

A metafísica considerada disciplina metódica e a sabedoria humana, que designamos como "concepção do mundo", considera ou adota as realidades que encontramos em todo ente do universo.

Realidades paralelas são notadamente a origem, o devir, a mudança, a crença, a aniquilação ou a realização dos entes, a causalidade ativa e passiva e, mais particularmente, a natureza do ente em si, vetor essencial desses fenômenos ou modos universais.

Para essas realidades, todos os entes têm algo de comum ou idêntico. As noções e definições dessas realidades se aplicam, portanto, a todo ente existente. É por isso que essa ciência ou conhecimento é dita metafísica. É o conhecimento universal dos entes. A metafísica abarca, com efeito, a totalidade do físico, tudo que possui uma existência real.

Ela é, portanto, o conhecimento mais universal, não no sentido de que se ocupe apenas com abstrações ou especulações sobre o irreal, mas no sentido de que abarca todo ente. A metafísica não está suspensa no vazio. Seu objeto é a realidade intensa que existe em nós e ao nosso redor. Suas noções, definições e leis são formuladas de uma forma abstrata e geral como as noções, definições e leis de toda ciência.

---

modo de conceberem o ente. Encontramos aí uma bela descoberta, fruto de sua análise paciente e cuidadosa, que merece todos os elogios, e uma informação que devemos levar em conta para entrar melhor no seu pensamento e melhor compreendê-los. Sobre esse ponto, sua tese me parece se impor de uma maneira indiscutível" (Achille, Card. Liénart).

O pensamento ocidental cristão, tendo adotado as fórmulas da filosofia grega, e, talvez, sob a influência dela, define muitas vezes essa realidade comum a todos os entes, ou, se preferirmos, o ente como tal: "a realidade que é", "o que existe", "o que é". Sua metafísica foi baseada em um conceito fundamental bastante estático de ente.

O conceito de ente mais corrente em nossa filosofia ocidental é estático no sentido de que a noção de força não está incluída na noção primeira de ente. Em geral, o atributo de força aparece como um acessório, um acidente do ente em si. Chamaremos o ente o suporte da força e das mudanças.

É aqui que aparece a diferença fundamental entre o pensamento ocidental e o dos Bantus e dos povos originários. (Comparo apenas sistemas que inspiraram vastas civilizações.)

Na interpretação da mesma realidade, o pensamento dos entes humanos originários recebe sua nuança própria do acento que coloca sobre o aspecto dinâmico dos entes; enquanto o pensamento científico do Ocidente parece colocar o acento sobre o aspecto estático das coisas.

Nós, ocidentais, vemos na força um atributo do ente, e elaboramos uma noção do ente separada da noção de força.

Parece que os povos originários não interpretaram assim a realidade. Sua noção de ente é essencialmente dinâmica. Eles falam, vivem e agem como se, para eles, a força fosse um elemento necessário do ente. A noção de força está, portanto, ligada essencialmente a toda noção de ente.

A força está inseparavelmente ligada ao ente e é por isso que essas duas noções permanecem ligadas em sua definição de ente[9]. Isso deve ser aceito como base da filosofia bantu. É um mínimo que é necessário admitir, sob pena de não os compreendermos.

9. Não confundir "força" com "ação".

Assim, os Bantus tinham uma noção composta do ente, a qual poderíamos formular assim: o ente é o que possui a força.

Essa hipótese mínima não me parece, em suma, satisfatória, nem mesmo absolutamente exata. Ela não dá conta suficientemente do caráter próprio da noção de ente dos povos originários. Acredito me acercar mais da verdade se defino a noção de ente dos povos originários como: o ente é força.

Com efeito, compreendemos a fórmula europeia "ter a força" inconscientemente, segundo nossa filosofia. Se formulamos o conceito de ente dos Bantus como sendo "a coisa que possui a força", os leitores reteriam que a força é considerada um atributo do ente. Ora, para os Bantus, a força não é um acidente, é inclusive muito mais que um acidente necessário, é a própria essência do ente em si. Para eles, a força vital é o próprio ente tal como é, em sua totalidade real, realizada e capaz de uma realização mais intensa.

Com essa força se realizando mais ou menos, o próprio ente se realiza mais ou menos. As mudanças do ente são, para eles, as realizações variadas, os graus, as crenças ou as intensidades ontológicas do próprio ente.

Para evitar toda confusão e a fim de que os leitores europeus evitem (tratando-se de noções bantus) considerar a força como um acidente, prefiro ater-me provisoriamente à fórmula: para os Bantus, o ente é a coisa que é força[10].

O ente é força, a força é ente. Nossa noção de ente é "o que é", a deles, "a força que é". Lá onde pensamos o conceito "ente", eles se servem do conceito "força". Lá onde vemos entes concretos, eles veem forças concretas. Lá onde diríamos que os entes se

10. Poderíamos dizer que os Bantus consideram o ente exclusiva ou essencialmente como um "princípio de atividade". Emprestamos esse termo de nossa terminologia científica e, portanto, mais filosófica. Seria necessário ainda evitar compreender esse termo através de nossas concepções estáticas do ser, que deveria ser compreendido segundo o pensamento bantu, que considerará esse próprio princípio como se realizando mais ou menos em si.

distinguem por sua essência ou natureza, os Bantus diriam que as forças diferem por sua essência ou natureza.

Segundo eles há a força divina e as forças celestes e terrestres, as forças humanas, animais, vegetais e mesmo as forças materiais ou minerais. E eles consideram todos esses entes forças especificamente diferentes e numericamente distintas.

Todo ente é força, e somente força; e é por isso que essa categoria força abarca necessariamente todos os entes: Deus, os entes humanos vivos e antepassados, os animais, as plantas, os minerais. Sendo o ente força, todos esses entes aparecem para os Bantus como forças. Esse conceito universal não é muito utilizado pelos Bantus, que são muito suscetíveis de uma abstração filosófica, mas que se exprimem apenas em termos concretos. Eles darão um nome a cada coisa, mas a natureza íntima da coisa nomeada se lhes apresenta como essa ou aquela força específica e não como uma realidade estática[11].

Seria abusivo concluir que os Bantus são "dinamistas" ou "energetistas", como se o universo fosse animado por uma força universal, um tipo de poder mágico que engloba toda a existência, como parecem crer alguns autores, quando tratam do "mana", "bwanga", "kanga", "elima" ou "megbe". Essa seria a interpretação europeia de uma filosofia mal-assimilada dos entes humanos originários. Os Bantus fazem uma distinção clara e conhecem uma diferença essencial entre os diversos entes, ou seja, entre as diversas forças. Em meio às diversas espécies de forças, conseguem, como nós, reconhecer a unidade, o individual, mas, certamente, enquanto força individual[12].

11. Um missionário da Província de Ubangi (Congo Belga) me escreve: "Minhas constatações no domínio linguístico me confirmam o quanto seu estudo é universalmente africano. Entre os Ngbaka, o substantivo não designa a coisa como sendo 'essa', mas, em vez disso, como sendo 'assim'. Consideramos o ser da coisa, eles consideram a força dessa coisa. Ser mais ou menos força vital, eis aí no que consiste para eles 'o ser' da coisa".

12. Que alguns críticos tenham conseguido descobrir nesse pensamento bantu "o panteísmo mais puro", eis algo que permanecerá um enigma.

É por isso que me parece necessário descartar, como estranho à filosofia bantu, o princípio duplo do bem e do mal enquanto força universal, e, igualmente, o que nomeamos "essência comum" ou "comunidade de espécie", se considerarmos esses termos em sua significação exata.

Nos entes visíveis, os Bantus distinguem o que é percebido pelos sentidos e a "coisa em si"; por essa, eles designam sua natureza íntima, própria, o ser mesmo da coisa, ou, mais precisamente, a força pela qual a coisa é o que é. Eles se exprimem em linguagem imagética quando dizem: "em cada coisa há outra coisa"; "em cada pessoa se encontra uma pequena pessoa". Estaríamos grosseiramente enganados, caso tomássemos essas perífrases imagéticas dos Bantus por uma terminologia rigorosa ao modo europeu. Sua alegoria simplesmente destaca a necessidade de distinguir no ente material o que está submetido aos sentidos, ou o fenômeno aparente, do que não se vê, ou a natureza intrínseca do ente.

Quando "nossas" fórmulas distinguem nos entes humanos a alma e o corpo, como lemos em certos escritos ocidentais, temos dificuldades para exprimir para onde foi "o ente humano" quando esses dois componentes são separados. Se quisermos, com nossa mentalidade europeia, buscar nos Bantus termos equivalentes que expressem essa forma de falar enfrentaremos dificuldades muito graves. Como falar da "alma dos entes humanos" na linguagem nativa? Exceto sob a influência europeia, os Bantus não se exprimem dessa forma. Eles distinguem nos entes humanos o corpo, a sombra, a respiração (sinal aparente da vida...) e os próprios entes humanos. As aparências sensíveis são perecíveis e não são de modo algum o que entendemos pela alma: aquilo pelo que somos humanos; nosso eu, que subsiste após a morte, quando o corpo e a sombra já terão desaparecido. O que subsiste após a morte não é designado entre os Bantus por um termo que indica uma fração dos entes humanos. Sempre ouvi os anciãos o nomearem "o próprio ente humano", "ele mesmo", "aye mwine". Aí está o "pequeno humano" que era pego atrás das aparências perceptíveis, é o muntu que, à morte, abandonou os vivos.

Parece impróprio traduzir essa aceitação de muntu por "o ente humano". O muntu vive claramente em um corpo visível, mas esse corpo não é o muntu. Um nativo explicava a um colega: "Esse muntu é, antes, o que vocês designam em francês por 'a pessoa' e não o que vocês exprimem por 'o ente humano'". Muntu inclui uma noção de eminência ou de excelência no ser. Essa aceitação daria um sentido lógico à asserção que percebi um dia na casa de um bantu, que disse: "Vidye i muntu mukatampe" (Deus é um grande ou o grande muntu). Isso significava, portanto: Deus é a pessoa grande, ou seja, a grande e poderosa força viva.

As "bi-ntu" são o que chamamos "as coisas", mas, conforme a filosofia bantu, são entes "não vivos", forças inferiores, não dotadas de razão, de personalidade ou de vida superior. Não é sem razão que alguns consideram o prefixo de bi-ntu apenas a partícula da negação.

b) Toda força pode se fortalecer ou enfraquecer; ou seja, todo ente pode se tornar mais forte ou mais fraco

Diremos dos entes humanos que crescem, que se desenvolvem, que adquirem conhecimentos, que exercem sua inteligência e sua vontade e que ao fazerem isso eles os aumentam. Com essas aquisições, com esse desenvolvimento, não consideramos que se tornam mais humanos; nesse sentido, ao menos, sua natureza humana permanece o que era. Temos a natureza humana ou não a temos. Não a aumentamos e não a diminuímos. O desenvolvimento se opera nas qualidades e nas faculdades dos entes humanos.

A ontologia bantu, ou, mais exatamente, sua teoria das forças, opõe-se, por suas nuanças próprias, à concepção estática semelhante. Quando os Bantus dizem: "Fico forte", eles pensam em algo diferente do que quando dizemos que nossas forças aumentaram. Lembremos ainda que, para eles, o ente é a força; e a força, o ente. Quando dizem que uma força aumenta, ou que um ente é fortalecido, seria necessário exprimir isso em nossa língua e conforme nossa mentalidade: "esse ente se aumentou enquanto ente", sua natureza se fortaleceu, aumentou, magnificou-se. O que a teologia católica ensina quanto às realidades reveladas da Graça, notadamente, que é um fortalecimento sobrenatural do ente, e que pode crescer e se fortalecer em si, assemelha-se ao que os Bantus admitem na ordem ontológica para todo ente, para toda força.

Eis o sentido no qual é necessário compreender as expressões que citamos ao expor que o comportamento dos Bantus se centrou na ideia da energia vital: ser forte, fortalecer sua vida, tu és forte, sê forte, ou ainda, tua força vital declina, é alterada.

É nesse sentido também que é necessário compreender Frazer, quando escreve em *O ramo de ouro*: "A alma como o corpo pode ser gorda ou magra, grande ou pequena"; e ainda: "a diminuição da sombra é considerada o indício de um enfraquecimento análogo na energia vital de quem a possui".

É ainda a mesma ideia que visa E. Possoz quando escreve em seu *Éléments de Droit Coutumier Nègre* [Elementos de direito consuetudinário dos povos negros] (1943): "Para os nativos negros, a existência é algo de intensidade variável"; ou ainda, quando evoca "a diminuição ou o fortalecimento do ente".

Devemos falar aqui da existência das coisas ou das forças. A origem, a substância e a aniquilação dos entes ou das forças são expressa e exclusivamente atribuídas a Deus. O termo "criar" em sua acepção própria de extrair do nada, encontra-se, com sua plena significação, nos vocabulários bantus (kupanga en kiluba). É nesse sentido que os Bantus veem no fenômeno da concepção uma intervenção direta de Deus criando a vida.

Aqueles que pensam que, conforme os Bantus, um ente pode aniquilar completamente outro ente, a ponto de cessar de existir, têm uma ideia falsa de suas concepções. Sem dúvida, uma força que supera outra força pode paralisar a primeira, diminuí-la e inclusive interromper totalmente sua ação, no entanto, a força não cessa de existir. A existência vinda de Deus não pode ser retirada da criatura por qualquer força criada.

c) A interação de forças: um ente influencia o outro

Falamos da interação mecânica, química e psíquica dos entes. Reconhecemos ainda outra causalidade que condiciona o próprio ente, a causa da existência do ente enquanto ente; é a causalidade metafísica que conecta a criatura ao criador. A relação entre criador e criatura é uma constante, quero dizer, a criatura é, por sua natureza, permanentemente dependente de seu criador quanto à sua existência e quanto à sua subsistência. Não concebemos uma relação semelhante entre criaturas. Os entes criados são designados na filosofia escolástica como substâncias, ou seja, entes que existem apenas por si mesmos, ao menos em si mesmos, *in se, non in alio*. A criança é, desde seu nascimento, um ente novo, um ente humano completo. Ela tem a plenitude da natureza humana, e sua existência, enquanto humana, é independente da existência de seus genitores. A natureza humana da criança não reside, de um modo permanente, na relação causal com a de seus pais.

Essa concepção de entes distintos, de substâncias (para retomar o termo escolástico), encontrando-se lado a lado, totalmente independentes umas das outras, é estranha ao pensamento bantu. Para ele, as criaturas guardam entre elas um vínculo, uma relação ontológica íntima, comparável ao vínculo de causalidade que liga a criatura ao criador. Para os Bantus existe uma interação de ente a ente, ou seja, de força a força; é para além da interação mecânica, química ou psicológica que veem uma relação de forças que deveríamos nomear "ontológica". Na força criada (o ente contingente), os Bantus veem uma ação causal emanando da própria natureza dessa força criada e influenciando as outras forças.

Uma força fortalecerá ou enfraquecerá outra. Essa causalidade não é de modo algum sobrenatural, nesse sentido de ultrapassar o atributo próprio da natureza criada; é, ao contrário, uma ação causal metafísica que resulta da própria natureza da criatura. O conhecimento geral dessas influências reside no domínio dos conhecimentos naturais e constitui propriamente a filosofia. A observação da ação dessas forças em suas aplicações específicas concretas constituiria a ciência natural bantu.

Designamos essa interação de entes pelo vocábulo "magia". Se pretendemos conservá-lo seria necessário modificar seu sentido e o compreender conforme o que o pensamento bantu lhe atribui. No que os europeus nomeiam "a magia dos povos originários" não há aos olhos desses povos qualquer ação de forças sobrenaturais, indetermináveis, mas simplesmente interação de forças naturais, como criadas por Deus, e como foram disponibilizadas por Ele aos humanos.

Em seus estudos sobre a magia, os autores distinguem "a magia de similitude, de simpatia, a magia por contato, a magia do desejo expresso... etc." Porém, a semelhança, o contato ou a expressão do desejo não provêm da essência do que designamos por "magia", notadamente, a interação das criaturas. O próprio fato de termos recorrido a denominações diferentes para distinguir as "espécies" de magia prova que renunciamos penetrar a natureza profunda dessa "magia" para adotarmos apenas uma classificação que repousa sobre seus caracteres secundários.

Para os Bantus a criança, e mesmo os adultos, permanecerá sempre um ente humano, uma força, uma dependência causal, uma subordinação ontológica de forças que são seu pai e sua mãe. A força antiga sempre domina a força mais jovem, continua a exercer sua influência vital sobre ela. Eis um primeiro exemplo da concepção bantu, segundo a qual os entes-forças do universo não constituem uma multidão de forças independentes justapostas. De ente a ente, todas as criaturas se encontram em relação conforme leis e uma hierarquia que me dedico a descrever adiante. Nada se coloca nesse universo de forças sem influenciar outras com seu movimento. O mundo de forças se porta como uma teia de aranha na qual não podemos agitar um fio sequer sem sacudir todos os pontos.

Sustentamos que os "entes" só adquirem a "força" de agir sobre outros entes ou forças pela intervenção dos espíritos e manes. Essa alegação emana de observadores europeus; não existe no pensamento dos Bantus. Os "mortos" intervêm eventualmente para fazer com que os vivos conheçam a natureza e a qualidade de certas forças, mas, desse modo, não as mudam intrinsecamente. Eles dizem expressamente que as criaturas são forças, criadas por Deus como forças, e que a intervenção dos espíritos e dos manes nada muda... que essas são ideias dos europeus.

d) A hierarquia das forças: a primogenitura

Assim como há castas na Índia, e como os israelenses distinguiam o "puro" do "impuro", na ontologia bantu os entes são divididos por espécies e classes conforme seu poder (holandês: *levenskracht*) ou sua precedência vitais (holandês: *levensrang*). Além disso, toda força é Deus, espírito e criador, o mwine bukomo bwandi. Aquilo que tem a força, o poder por si. Dá a existência, a subsistência e o crescimento às outras forças. Em relação a outras forças, ele é "aquele que aumenta a força" (holandês: *versterker*). Depois dele vêm os primeiros pais dos humanos, os fundadores dos diversos clãs. Esses arquipatriarcas, os primeiros a quem Deus comunica sua força vital, assim como o poder de exercer sobre toda sua descendência sua influência de energia vital, constituem o elo mais elevado que liga os humanos a Ele. Na concepção dos Bantus, ocupam uma posição tão elevada que não são mais considerados simples antepassados humanos. Não são mais designados entre os manes, e, entre os Baluba, são designados como ba-vidye –

entes espiritualizados, pertencentes a uma hierarquia superior, que participam, em certa medida, diretamente da Força divina[13].

Após esses primeiros pais vêm os mortos da tribo conforme seu grau de primogenitura; eles formam a linha através de cujos elos as forças antigas exercem sua influência vital sobre a geração viva. Os vivos sobre a Terra vêm, com efeito, após os mortos. Esses vivos são, por sua vez, hierarquizados, não simplesmente conforme um *status* jurídico, mas de acordo com seu ser, segundo a primogenitura e o grau orgânico da vida, ou seja, segundo o poder vital.

Mas os humanos não estão suspensos no vazio; habitam suas terras, encontram-se como forças soberanas vitais, reinando sobre o solo e sobre tudo que aí vive: humanos, animais ou plantas. Os anciãos de um grupamento ou de um clã são, para os Bantus, pela lei divina, o elo de fortalecimento de vida que liga os ancestrais à sua descendência. São eles que "fortalecem" a vida dos seus e de todas as forças inferiores, forças animais, vegetais ou inorgânicas, que existem, crescem ou vivem em seu meio para o benefício dos seus. O verdadeiro chefe é, portanto, segundo a concepção original e a organização política dos povos tribais, o pai, o mestre, o rei; ele é a fonte da vida intensa; é como Deus. Isso explica o que os Bantus queriam dizer ao protestarem contra a nomeação de um chefe, com a intervenção da administração, quando esse não pudesse, segundo sua posição e poder de vida, ser o elo que

13. A linguagem dos Bantus poderia levar a crer que identificam os fundadores do clã com o próprio Deus. O que ocorre é que eles chamam aqueles com o mesmo nome de Deus.

Porém, não há aí qualquer identificação, mas uma simples comparação. É uma prática análoga àquela que determina que o representante do chefe seja tratado como o próprio chefe, uma vez que é a aparição sensível desse último, e que sua fala é apenas a daquele que o enviou.

Muitas vezes ouvimos nativos se dirigirem assim a um benfeitor: "Tu és meu pai e minha mãe, é meu chefe supremo, és meu Deus".

Frequentemente, os Bantus me chamavam "Syakapanga" (Criador). Eles exprimiam, assim, sua convicção de que eu era para eles seu porta-voz, seu mensageiro.

liga os antepassados aos vivos. "Não é possível que alguém assim seja chefe. Isso não pode ser. Nada mais medrará sobre nosso solo, as mulheres não darão mais à luz e tudo será afetado pela esterilidade". Considerações semelhantes e um desespero assim são perfeitamente incompreensíveis e misteriosos, enquanto não penetrarmos sua concepção da existência e sua interpretação do universo. Mas, na prova da teoria das forças, esse ponto de vista bantu parece lógico e claro.

Após a classe de forças humanas vêm as outras forças: a dos animais, a dos vegetais e a dos minerais. Mas, no centro de cada uma dessas classes, encontramos uma hierarquia segundo o poder vital, a posição ou a primogenitura.

Disso resulta que podemos encontrar uma analogia entre um grupo humano e um grupo inferior (na classe animal, por exemplo), analogia baseada no lugar relativo ocupado por cada um desse grupos em relação à sua classe própria. Essa seria uma analogia baseada na primogenitura, ou em uma posição determinada de subordinação. Um grupamento humano e uma espécie animal podem ocupar em sua classe respectiva uma posição relativamente igual ou relativamente diferente. Suas posições vitais podem ser paralelas ou dissemelhantes. Aquele que é o chefe na ordem dos humanos "mostra" sua posição superior pelo uso de uma pele de animal nobre. O respeito a essa posição de vida, o cuidado de não se colocar numa posição mais alta à qual se pertence ou de se manter em seu lugar, a necessidade de não se colocar em igualdade em relação às forças relativamente superiores, tudo isso poderia fornecer a chave do problema tão discutido do "tabu" e do "totem".

e) A criação está centrada nos entes humanos: a geração humana viva, terrena, é o centro de toda a humanidade, incluindo o mundo dos mortos

Os judeus não tinham uma noção precisa do além-mundo nem da compensação de méritos terrenos na vida futura. Eles só conheceram a ideia de beatitude pouco tempo antes do advento de Cristo. O "shéol" era, antes, um lugar de desolação e a estada lá parecia sombria e, certamente, pouco invejável para aqueles que tinham a felicidade de viver ainda sobre a terra.

Assim, a linguagem corrente dos Bantus pode apresentar os antepassados como entes diminuídos, vivendo uma vida reduzida. Porém, os Bantus têm ideias mais filosóficas quando querem exprimir as realidades profundas. Eles dizem que os primogênitos, os pais, conservam no além-mundo sua força vital, sua posição vital superior assim como sua influência paternal. Eles creem que os mortos, em geral, adquiriram um conhecimento mais profundo das forças vitais ou naturais. Assim, sua diminuição ontológica parece menor do que nos fazem supor as expressões correntes.

O que os mortos puderam adquirir, de fato, de conhecimentos aprofundados das forças vitais e naturais só lhes pode servir para fortalecer a vida dos vivos sobre a Terra. O mesmo se aplica à sua força superior devido à primogenitura que só pode ser aplicada para fortalecer a vida de sua progenitura que permanece viva. Os mortos que não podem mais entrar em relação com os vivos sobre a Terra estão "perfeitamente mortos", dizem os Bantus. Com isso, querem dizer que essa força vital humana, já reduzida pela morte, toca a base de sua diminuição de energia, que fica completamente inativa sem poder exercer sua influência vital sobre os vivos. Isso é considerado a pior das calamidades para a própria pessoa morta. Os manes tentam entrar em contato com os vivos e sobreviver, buscando sua ação vital sobre a Terra.

De outra parte, as forças inferiores (animais, plantas, minerais), só existem, pela vontade de Deus, com o fim de aumentar a força vital dos humanos durante sua vida terrena. As forças superiores e as forças inferiores são, portanto, consideradas pelos Bantus em sua relação com as forças dos humanos em vida. É por isso que prefiro qualificar as influências de criatura a criatura, das causalidades da vida em vez das causalidades do ente, ou da força como as designamos provisoriamente. Com efeito, mesmo os entes inferiores, os entes inanimados, os minerais, são forças que, por sua natureza, são disponibilizadas aos humanos, as forças humanas vivas, ou forças vitais dos humanos.

Pessoas brancas, fenômeno novo que surge no mundo bantu, só podem ser percebidas conforme as categorias da filosofia tradicional dos Bantus. Elas foram, portanto, incorporadas ao universo de forças, ao lugar ao qual retornam segundo a lógica do sistema ontológico bantu. Sua habilidade técnica os afligia. Pareciam mestras das grandes forças naturais. Era necessário, portanto, admitir que eram precursoras, forças humanas superiores que ultrapassam a força vital de todos os Bantus. A força vital das pessoas brancas é tal que contra elas os "manga", ou a aplicação das forças ativas naturais de que dispõem os Bantus, parecem desprovidas de efeito.

f) As leis gerais da causalidade vital

Após o que dissemos sobre os entes-forças organizados conforme sua natureza, sobre as classes de intensidade de vida, bem como sobre as prioridades de primogenitura, já se delineia que, entre os povos tribais, o universo de forças é organicamente construído, conforme uma hierarquia que poderíamos chamar ontológica. A interação de forças, o exercício das influências vitais se faz, com efeito, conforme leis determinadas. O universo bantu não é um entrelaçamento caótico de forças desordenadas que se confrontam cegamente. Não é necessário crer que essa teoria das forças seja o produto incoerente de uma imaginação dos não civilizados, na qual a ação de uma mesma força será tanto fasta quanto nefasta, sem que exista um motivo determinado para o justificar. Sem dúvida, há influências de força atuando de forma imprevista, mas essa constatação não permite concluir que atua de forma cientificamente imprevisível, de forma totalmente racional. Quando há uma pane no motor podemos dizer que esse evento não era "previsto" pela natureza do que deve ser um motor, porém, isso não significa que acreditamos que devemos constatar a exatidão e a estabilidade das leis da mecânica. Ao contrário, a própria avaria só poderá encontrar sua explicação numa aplicação adequada dessas mesmas regras da mecânica. O mesmo se aplica para as leis da interação das forças. São ações possíveis e necessárias; outras influências são metafisicamente impossíveis, conforme a natureza das forças presentes. As possíveis causalidades de vida podem ser formuladas em algumas leis metafísicas, universais, imutáveis e estáveis.

Essas leis me parecem poder ser expressas assim:

I – Os humanos (vivos ou antepassados) podem diretamente fortalecer ou diminuir outros humanos em seu ser.

Se uma influência vital semelhante é possível de humano a humano, ela opera necessariamente entre os genitores, força vital superior, e sua progenitura, força inferior. Essa ação só é inoperante quando os pacientes se encontram abastecidos, com relação aos agentes, de uma força superior, que podem ter por si, ou por uma influência vital externa e notadamente pela ação de Deus.

II – A força vital humana pode influenciar diretamente em seu ser os entes-forças inferiores (animais, vegetais ou minerais).

III – Um ente racional (espírito, mane ou vivo) pode influenciar indiretamente outro ente racional atuando sobre uma força inferior (animal, vegetal ou mineral), por cuja intervenção atingirá o ente racional. Essa influência terá igualmente o caráter "de ação necessária", exceto se os pacientes forem intimamente mais fortes, ou se estiverem fortalecidos por uma influência de terceiros, ou preservados por um recurso a forças inferiores que ultrapassam aquelas que os adversários usam.

Nota: Alguns autores afirmam que os entes inanimados, tais como pedras e rochas, e plantas e árvores são designados pelos Bantus como "bwanga", que exercem sua influência vital sobre tudo o que se aproxima deles. As forças inferiores atuariam por si sobre forças superiores? Alguns autores respondem de forma afirmativa. Quanto a mim, jamais encontrei nativos que acreditassem nessa tese. Além disso, essa eventualidade me parece em contradição com os princípios gerais da teoria das forças, que também é expressa nos dizeres dos Bantus. Na metafísica bantu não há menção a uma força inferior exercendo por si uma ação vital sobre uma força superior. É um ponto sobre o qual reuni afirmações categóricas. Aliás, quando esses autores expõem seus exemplos, devem frequentemente reconhecer a intervenção de uma influência animada, como, por exemplo, dos manes. Assim, alguns fenômenos naturais, rochas, cataratas, árvores grandes, podem ser considerados manifestações do poder divino; podem também ser o sinal, a manifestação, o habitat de um espírito. Parece-me que essa deveria ser a explicação da influência aparente de forças inferiores sobre a força superior dos humanos. Esses entes inferiores não exercem sua influência por si, mas pela energia vital de uma força superior atuando como causa. Esse seria um ente superior ou mais forte (Deus, espírito, mortos), que influenciam indiretamente os vivos por meio desses fenômenos da natureza. Explicação semelhante corresponde, em todo caso, perfeitamente à metafísica bantu. Essa manifestação se uniria à terceira lei enunciada.

3

A SABEDORIA E A CRITERIOLOGIA DOS BANTUS

1. O que é a sabedoria bantu?

Sua sabedoria é a vista penetrante da natureza dos entes, das forças; a verdadeira sabedoria é o conhecimento ontológico. O sábio, por excelência, é, portanto, Deus, que conhece todos os entes, que penetra a natureza e a qualidade de sua energia.

Ele é a força que possui a energia de si, é o criador de todas as outras forças. Ele conhece todas as forças, conhece sua hierarquia, sua dependência, seu potencial e sua atividade recíproca. Ele conhece, por consequência, a causa de todo evento. Vidye uyukile! (Deus o sabe!); essa é a referência última dos Baluba diante de todo problema insolúvel, diante de todo infortúnio inelutável e cada vez que a sabedoria humana fica sem razões.

Na justiça, quando todas as presunções humanas concorreram para oprimir um inocente desprovido de provas, esse protestará: Vidye uyukile! (Deus o sabe!); Deus, que conhece todo evento e o ente humano mesmo na intimidade do ser, conhece minha inocência.

Quando os manga, os fortalecedores mágicos do ente, fracassam, o fazedor de remédios dirá: Vidye wakoma! (Deus é forte!) O que significa: é mais poderoso que meus remédios. Mas aqueles entre os pagãos que, admitindo, em princípio, a interação dos entes, não acreditam na eficácia dos remédios propostos, dirão, ao se resignarem diante de um infortúnio cuja causa lhes escapa: Vidye uyukile! (Deus sabe e permite!)

Com efeito, nada se faz sem a permissão do mais forte. A sentença: "Ele diz" significa, com certeza: "Ele conhece o evento", mas, mais ainda: "Ele tem suas razões".

Deus conhece. Ele dá aos humanos o "poder" de conhecer, como lhes dá o poder de querer, de viver. Recordemos que todo ente é força, que qualquer de suas faculdades é uma força. Existe, portanto, a força de saber, como existe a força de querer. Assim, os humanos têm o poder de saber. São, antes de tudo, os ancestrais, os ba-vidye, e, entre eles, os anciãos, mortos ou vivos, que sabem. "São eles que 'começaram' as coisas".

O verdadeiro conhecimento, a sabedoria humana, será, portanto, igualmente metafísica; será a inteligência das forças, de sua hierarquia, de sua coesão, de seu crescimento e de sua interação.

Enunciei a primazia dos ancestrais, dos anciãos. Com efeito, como a força vital humana (seu ser) não existe por si, mas se encontra e permanece essencialmente dependente de seus anciãos, assim, o poder do saber é, como o próprio ente, essencialmente dependente da sabedoria dos anciãos.

Quantas vezes em uma aldeia, quando queremos interrogar os Bantus sobre um evento, um processo, um costume, e mesmo um detalhe geográfico ou geológico, não compreendemos a resposta: "nós, os jovens, não sabemos; aqueles que sabem são os de mais idade". Ora, isso se passa mesmo quando se trata de coisas, que, conforme nós, eles sabem pertinentemente. Porém, em sua mente, não sabem, porque são jovens, porque não sabem de si ou por si. Ontológica e juridicamente os antigos, que têm a ascendência sobre eles, são os únicos que sabem plenamente, em última instância; sua sabedoria ultrapassa a dos outros. É nesse sentido que os anciãos dizem: "Os jovens não podem saber sem os anciãos". "Se não fosse os antigos, dizem ainda os Bantus, se os jovens fossem deixados à sua sorte, a aldeia não teria a quem se dirigir, os jovens não saberiam mais como viver, não teriam mais hábitos, nem leis, nem sabedoria. Eles divagariam até se perderem".

O estudo e a pesquisa pessoal não provêm sabedoria. Podemos aprender a ler, escrever, calcular; podemos aprender a dirigir um automóvel, podemos aprender uma profissão; mas tudo isso nada tem de comum com a "sabedoria"; não nos dá a inteligência ontológica da natureza dos entes; são talentos e habilidades engenhosas, mas que permanecem muito aquém da sabedoria.

Assim falam os Bantus, ao tratarem de sua sabedoria.

Tentemos, conforme o modo ocidental, fazer uma exposição racional da sabedoria e do sistema de criteriologia dos Bantus.

2. A metafísica ou ciência das forças está ao alcance de todos os Bantus

A filosofia das forças é uma concepção da vida. Que tenha sido inventada para justificar um comportamento determinado, ou que uma aceitação da natureza tenha condicionado esse comportamento, pouco nos importa, pois sempre é de fato ela que penetra profundamente toda a vida dos Bantus.

Ela explica os motivos humanos, racionais, de todos os costumes bantus; comunica as normas da conservação e da expansão da pessoa. Isso não quer dizer que cada pessoa nativa seja capaz de enunciar as dez verdades cardinais de sua filosofia, mas a verdade é que o muntu que parece ignorar as normas antigas da sabedoria bantu será chamado "kidima" por seus irmãos, ou seja, sub-humano, uma pessoa mentalmente insuficiente para contar como muntu. O muntu normal possui sua filosofia, reconhece a natureza dinâmica, conhece o crescimento do ente e suas influências ontológicas, leva em conta leis gerais da indução vital, como expusemos acima, no capítulo que trata da ontologia bantu. Essa ontologia, enquanto permanece uma ciência universal, verdadeiramente filosófica, é o bem comum de toda a comunidade bantu.

Essa sabedoria universal é aceita por todos, não é mais submetida a crítica; vale, em seus princípios gerais, como verdade irrefutável.

Os dados etnológicos que sistematizamos neste livro não constituem uma ciência secreta de alguns sábios ou iniciados.

Apresentamos apenas a sabedoria popular da pessoa comum.

Em cada horda, junto a esse pensamento comum dos Bantus, há "sistemas" de cosmologia expressos em fórmulas arcaicas e em lendas convencionais, compreensíveis apenas para os iniciados das confrarias do "bwanga", como, por exemplo, o mbudye entre os Baluba.

3. A filosofia bantu se funda sobre a evidência interna e externa

Se, entre os Bantus, essas concepções são, geralmente, muito pouco postas em dúvida, é – nos dizem eles – porque a sabedoria lhes é dada, ao mesmo tempo que sua força vital, por seus pais e ancestrais, que continuam a ensiná-la por divinação. Porém, extraem outros argumentos de seus fundamentos. Seus ancestrais provindos de Deus não deveriam saber disso muito antes deles? Ora, seus ancestrais viveram dessa filosofia, preservaram e transmitiram a vida recorrendo a essas forças naturais, salvaram a comunidade bantu de sua destruição. Sua sabedoria parece, por consequência, justa e adequada. Além disso, essa sabedoria de vida é tão perfeitamente adaptada à sua vida que não deixa, por assim dizer, problema algum sem resposta, que ofereça um remédio a toda eventualidade. Para os Bantus, isso é igualmente uma prova do fundamento realista de sua filosofia. Assim como dizia o Mons. Le Roy em *La religion des primitifs* [A religião dos povos originários] (1925), os nativos negros se veem constantemente em luta com as forças da natureza que os cercam e saem dessa luta vencedores ou vencidos. Eles constatam a cada dia as forças ocultas das plantas e das ervas. Para os nativos, todas essas considerações constituem elementos de prova suficientes da validade de sua filosofia das forças, e da concepção dos entes enquanto forças. Ver que as forças naturais são tão eficazes quanto ineficazes basta, para eles, para justificar a dedução segundo a qual um ente, ou seja, uma força, pode tanto se fortalecer como se enfraquecer, que a força de um ente pode se tornar inativa, que o bwanga pode "partir", "resfriar-se" ou ser "menosprezado", segundo suas afirmações.

Assim, portanto, a criteriologia dos Bantus repousa sobre uma evidência externa, a autoridade, a sabedoria e a força de vida dominante dos ancestrais. Repousa ao mesmo tempo na evidência interna, ou seja, a experiência da natureza e dos fenômenos vitais, a partir de seu ponto de vista. Sem dúvida, podemos detectar a falha de seu raciocínio, mas, pelo menos, é necessário admitir que fundam suas concepções em razões e que sua criteriologia e sabedoria são conhecimentos racionais.

4. Os Bantus distinguem os conhecimentos filosóficos das ciências naturais

As noções transcendentais e universais do ente e de sua força, do crescimento, da ação, relações e influências recíprocas dos entes constituem a filosofia bantu. Esse domínio está aberto à inteligência comum de todo muntu normal.

Se quisermos ridicularizar essa filosofia e traçar uma caricatura infantil sua, objetando que essas concepções não repousam sobre o rigor da experiência científica, deveríamos ter cautela para não nos perdermos em argumentos mais ridículos do que a pretensa estupidez dos nativos.

Nossa filosofia se baseia na experimentação científica? Revela a análise química, a mecânica ou a anatomia? As ciências naturais não podem destruir uma filosofia, e são incapazes de criar uma.

Nossos ascendentes possuíam uma filosofia sistematizada que as ciências modernas mais rigorosas não instituíram. Ora, nossos ancestrais chegaram à sua inteligência do ser, enquanto seu conhecimento científico experimental era muito pobre e defeituoso, senão totalmente errôneo. O instrumento da ciência positiva é a experiência sensível sobre a coisa sensível, uma vez que a filosofia se liberta da meditação intelectual sobre os dados gerais da natureza íntima dos entes. Mas não existe instrumento que registre a alma, o que não exclui que experiências podem ser feitas para fornecer à inteligência a prova razoável da espiritualidade de um ente. Foi o intelecto que "criou" a ciência, é ele que reconhece "o que é". Com efeito, as experiências das ciências naturais, como, aliás, as observações gerais dos filósofos, devem ser feitas com discernimento, método e análises conforme uma lógica sólida. Todavia, isso pressupõe que não coloquemos em causa o valor objetivo do conhecimento intelectual. Felizmente, os nativos, não mais do que nossos subevoluídos, não são ainda torturados por dúvidas sobre a realidade dos conhecimentos intelectuais, nem sobre a validade do raciocínio humano.

Os princípios gerais e a noção do ente são baseados, entre os Bantus – em seu ponto de vista subjetivo –, no argumento da autoridade e de sua inspeção da constituição do universo, e é por isso que presumo poder estar presente entre todos os "não civilizados". É por esse motivo que essa ontologia é tão tenaz. Ela subsiste entre os nativos educados e entre os convertidos.

A concepção geral que podemos ter dos entes e o conhecimento que podemos ter das qualidades particulares de cada um são coisas distintas. Não cabe à filosofia propriamente dita definir um ente particular ao descrever sua essência específica, sua energia, suas faculdades, influências e propriedades. Isso nos leva ao domínio das ciências naturais. E podemos colocar a questão de saber se, em nossas ciências naturais modernas, a unanimidade se dá, e se foi dita a palavra final sobre a natureza das diversas forças naturais que podemos descobrir até hoje.

Entre os Bantus encontramos similarmente a mesma divergência de visões, e a mesma ignorância quando se trata do conhecimento imperfeito dos objetos concretos presentes. Eles mesmos concedem que há muitos mistérios não elucidados. Como eles dizem, quem pode conhecer todas as coisas senão Deus? Foi Deus quem deu um nome a cada coisa, porque conhece os entes. Aí está porque as aplicações práticas da filosofia bantu às necessidades cotidianas da vida, às práticas mágicas, podem diferir com as tribos e regiões. Aí está porque podemos encontrar procedimentos aparentemente contraditórios, mas que, no fundo, são apenas aplicações variadas dos mesmos princípios gerais da filosofia bantu.

Contudo, são entes conhecidos conforme sua natureza própria. Como já foi dito acima, os Bantus distinguem nos entes visíveis a aparência exterior e o próprio ser, ou a força invisível. Porém, essa força não perceptível pode se concentrar ou se manifestar mais particularmente em uma parte da aparência sensível. A força vital pode ser condensada, amarrada, e pode se exteriorizar no que podemos nomear um nó ou centro vital. O nó, esse centro vital, esse "signo" ou essa manifestação particular da força vital, é nomeada "kijimba" pelos Baluba. Um animal será atingido por dez flechas sem sucumbir, enquanto outro animal é abatido pela primeira. Isso porque essa única flecha atingiu o centro vital, ou um dos centros vitais.

Por que o crocodilo é tão temível? Onde reside sua força vital letal, senão em seu olho sempre à espreita e ao qual nada escapa. E o símbolo, o instrumento animado da força vital destrutiva do mestre leão, onde está? Evidentemente, em seu temível canino.

Portanto, é muito natural – do ponto de vista dos Bantus – que quem quer que queira se apropriar ou fazer uso da força vital de um ente inferior tente obter um "kijimba", que significa e materializa essa ligação entre si e esse ente. Os Bantus provam e confirmam por um "signo" todo ato da vida e cada interdependência vital.

É o "kijimba" que encontramos como elemento principal, como princípio ativo, como fonte de energia em todos os "bwanga". O conhecimento de certas formas especificadas dos "kijimba" correspondentes é difundido de maneira relativamente uniforme entre os Bantus. São os "kijimba" de entes particularmente poderosos, destinados a unir sua força para a realização de certas atividades correntes como a caça ou a pesca. Nessas ocupações se trata expressamente de comparar sua força vital com a de outro ente vivo. Há uma luta de forças vitais entre caçadores e caça. Trata-se, portanto, de ser forte no combate e de agregar todas as forças ofensivas, mesmo aquelas que provêm de entes inferiores, para garantir o poder de destruir a caça.

Há algumas leis gerais que permitem conhecer e descobrir as forças e influências vitais de alguns entes. São esses "princípios" que alguns autores apresentam como princípios ativos, como princípios de causalidade da magia. Na realidade, não são as causas ativas da "magia" ou da utilização das forças naturais; são simples critérios que permitem descobrir e conhecer essas forças naturais. Assim, podemos dizer: "similia similibus curantur" [similar cura similar]. Os etnólogos se explicam afirmando que uma força atua por similitude ou por concordância. Acredito ter explicado suficientemente que essa similitude não pode ser o fundamento causal da influência vital. Mas a semelhança entre a força letal do leão ou do crocodilo, e as intenções que animam os caçadores ou os pescadores levam os Bantus a concluírem que as forças desses grandes carnívoros podem ser utilizadas no exercício da ocupação de caça ou de pesca, ou, melhor, na luta que empreendem respectivamente contra a caça e contra o peixe. A semelhança não é o agente ativo, mas somente a prova ou o signo dessa força determinada.

Outra lei diz que o ente vivo exerce uma influência vital sobre tudo o que lhe é subordinada, sobre tudo o que lhe pertence. É por isso que todo ataque ao que depende de uma pessoa será considerado, como já indicamos, uma diminuição do ser dessa pessoa. "Toda propriedade é rica em influências misteriosas", diz

Burton em *L'âme luba* [A alma luba] (1939). O fato de uma coisa ter pertencido a alguém, que ela tenha estado em estreita relação com uma pessoa, leva os Bantus a concluírem que essa coisa participa da influência vital de quem a possui, uma vez que faz parte de sua vida. É o que os etnólogos gostam de designar como magia por contato, magia por simpatia. Ora, os elementos ativos não são de modo algum o contato ou a simpatia, mas o que atua é exclusivamente a força vital de quem a possui, porque sabemos que ela adere ao ente da coisa possuída ou utilizada por essa pessoa.

Uma terceira lei permite aos Bantus reconhecerem, descobrirem em certos casos as forças ou influências vitais. A fala e o gesto dos entes humanos vivos são considerados, mais do que qualquer outra manifestação, a expressão formal, como o sinal de sua influência vital. Portanto, se as falas ou os gestos portam efeitos fastos ou nefastos em relação a uma pessoa determinada, podemos deduzir que essa pessoa exerce sua influência vital, seja para o bem, seja para o mal, sobre essa outra pessoa. O que nos acostumamos a designar como "magia do desejo expresso" ou como "magia por mímica" ou como "magia de imitação", designa esse tipo de manobras; mas aqui, ainda, não são as palavras nem a mímica que exercem um poder; são apenas os sinais que exteriorizam a ação da influência vital e a permitem ser conhecida por terceiros.

Esses três princípios (talvez se encontrem outros) fixam as regras da investigação e do conhecimento das forças concretas e das influências vitais que emanam dos objetos particulares. São por assim dizer as leis do conhecimento das ciências naturais entre os Bantus; são critérios e não causas.

5. A distinção entre o domínio do conhecimento certo e o da ciência aproximativa entre os Bantus

Do que precede, podemos fazer a distinção entre os princípios e leis considerados absolutos e inalteráveis pelos próprios Bantus e o domínio da ciência particular na qual tateamos no que é relativo, incerto e imprevisto.

As noções gerais expostas no capítulo 2 desta obra são, aos olhos dos Bantus, princípios absolutos e invariáveis. Suas concepções filosóficas e ontológicas, enquanto aplicáveis ao ser em si, têm, para eles, um valor absoluto e necessário, não aceitando exceção. Por conseguinte, seria uma observação malfundada pretender que as concepções e princípios dos Bantus são essencialmente variáveis, incertos e arbitrários. É exatamente o oposto que é verdadeiro, ao menos se quisermos nos colocar corretamente em seu ponto de vista subjetivo. Sua metafísica, como a nossa, enuncia apenas leis universais, imutáveis.

Mesmo as leis gerais do conhecimento natural, da física, notadamente, os três critérios para o conhecimento dos entes-forças e de suas influências, são para eles universalmente válidos.

Porém, quando descemos ao plano do conhecimento particular, os Bantus admitem que nos encontramos no domínio das aproximações e suposições, no domínio da arte e da habilidade.

É assim que para saber qual influência vital particular levou um ente humano ao ponto de o tornar doente, vamos buscar a opinião de uma pessoa especialista dotada de um conhecimento superior sobre a interferência das forças. Do mesmo modo, para saber qual será o "kijimba" suscetível de revigorar essa pessoa alterada, não convém remetê-la a seu único saber, nem confiar na opinião do primeiro que aparece. Em casos semelhantes, é sábio recorrer a adivinhos. Como nem todos têm o poder de ler as cartas ou a mão, nem todos podem ser adivinhos. O exercício dessa arte supõe conhecimentos especiais ou, mais precisamente, a força do conhecimento.

6. A sabedoria bantu é natural, preternatural ou sobrenatural?

Chamamos natural o conhecimento que os humanos podem adquirir pelo exercício normal de suas faculdades. O conhecimento preternatural ultrapassa as exigências e capacidades dos entes humanos, mas não os de uma inteligência superior criada; somente a ciência sobrenatural ultrapassa as capacidades de todo ente criado.

Do que dissemos acima, e, notadamente, sobre o conhecimento do ente-força entre os Bantus, é evidente que sua filosofia, como a nossa, não pretende ser senão o conhecimento intelectual natural dos entes. Os critérios gerais do conhecimento das forças e influências pertencem igualmente ao domínio do saber natural, da ciência positiva dos Bantus. O conhecimento particular das forças que atuaram em um evento determinado, o conhecimento de uma coisa concreta em si conforme sua natureza e conforme seu potencial de ação em relação a certas pessoas determinadas, não é, para eles – me parece –, senão um conhecimento natural mais aprofundado; é apenas que, em certos casos, se a intervenção direta ou indireta de um ente superior ou de Deus fosse suposta, poderíamos falar de conhecimentos preternaturais.

Essas são deduções simples de princípios da filosofia bantu como expomos acima. Elas valem o que vale a hipótese de sua ontologia. Creio, porém, que essas considerações nos autorizam a ignorar expressões polivalentes que sobrecarregam a investigação etnológica na qual se apraz a cobrir as constatações feitas de epítetos como "misteriosos", e de qualificações como "saber sobrenatural" ou "influências indeterminadas" e tantas outras... Em geral, só encontramos entre os Bantus conhecimentos que podem ser correntes ou especializados, sem deixar, no entanto, de ser conhecimentos naturais. No ver deles, é apenas em alguns casos que parecem ter a ver com conhecimentos preternaturais.

Parece oportuno abrir aqui um parêntese sobre o que é geralmente designado como "iniciação" na literatura etnológica. O "kilumbu" ou o "nganga", ou seja, o ente humano que possui uma visão mais lúcida das forças naturais e de sua interação, o ente humano que tem o poder de selecionar essas forças e de as dirigir para um uso determinado em casos particulares, tendo-se tornado assim apenas porque foi "capturado" pela influência vital de um ancestral precedente ou de um espírito, ou porque foi iniciado por outro kilumbu ou nganga. Que todo ente humano possa ser influenciado por outro mais sábio resulta de princípios gerais da ontologia bantu. Aquele que é assim "capturado" entra sempre em transe no momento em que o espírito ou o vidye o possui, e é nesse momento que os neófitos adquirem sua força superior para conhecer e para orientar suas forças. Mas nesse fenômeno não se trata de iniciação. A iniciação se apresenta apenas quando candidatos kilumbu ou nganga vão encontrar um "homem nos manga" e lhe pedem para ser educados em sua arte. A iniciação consistiria, portanto, no mestre-nganga instruindo seus discípulos (seus filhos nos manga, como dizem os Baluba) nos segredos "da feitiçaria e da magia?" O nganga nada pode fazer além de ensinar seus aprendizes as diversas maquinações e cerimônias de sua arte, pode dar-lhes uma educação adequada ao comportamento que deverão adotar nessa vida superior à qual se destinam, pode ensinar-lhes os meios para se manterem nas disposições desejadas para atingirem a força e a ciência, mas – na minha humilde opinião – lhe é impossível dar-lhes a força e a ciência. Para possuírem a ciência real e o poder dos manga não haveria, conforme a concepção que os Bantus possuem, uma iniciação no sentido francês dessa palavra. É quando o mestre-nganga termina seu trabalho de educação que chega o momento em que seus alunos devem receber seu poder e sua ciência durante o que chamamos erroneamente de "cerimônia da iniciação". Presumo que é universal no mundo bantu, que durante essa cerimônia os neófitos entrem em transe, percam a consciência, sejam como mortos em sua vida humana comum, e renasçam dessa catalepsia dotados de sua força superior e de seu conhecimento exaltado de nganga ou de kilumbu. São educados e renascem para essa força vital superior sob a influência vital de seu mestre, mas a força e o poder que lhes animam lhes chegam de um ancestral que morreu antes ou de um espírito, sob cuja influência seu mestre adquiriu igualmente seu poder e sua ciência. Somente assim se explica o caso de alunos que podem ser levados ao transe ou ao êxtase. Seu mestre é obrigado a reenviá-los dizendo-lhes: "em sua casa isso não ocorre". É necessário, portanto, que intervenha uma força vital superior à do mestre das forças, e é, portanto, erroneamente que falamos de "iniciação".

Essas relações, influências vitais dos mortos sobre os vivos, são comuns para os Bantus. Em uma medida mais ou menos grande, esses fenômenos são mencionados na vida de todo muntu. Eles vivem em comunidade com seus mortos, cuja influência vital não deve ser julgada preternatural sobre os critérios de nossa filosofia, mas como um evento natural, como o curso normal das coisas do mundo das forças da filosofia bantu. É esse ponto de vista dos Bantus que a etnologia deveria adotar.

7. Há, entre os Bantus, um conhecimento que não seja mágico, ou seja, que não seja conhecimento de forças? Sua sabedoria é crítica?

Já foi dito (Allier, *Le non-civilisé et nous* [O não civilizado e nós] (1927)) que os nativos negros pensam quase como nós (ou seja, conforme um raciocínio crítico que se ajusta à natureza das coisas) e que, abandonando, então, todo raciocínio, buscariam seu pensamento mágico.

Assim, foi destacado, por exemplo, que se mostram inteligentes, racionais, na tecelagem de suas redes, na confecção de suas armadilhas e, mais geralmente, em todos os seus estratagemas de caça. Eles sabem quais instrumentos devem empregar para tornar seus instrumentos eficazes, observam uma lógica sem falhas para combinar suas emboscadas. Porém, repentinamente, abandonariam todo raciocínio para fazer o sucesso de sua matança depender da ajuda do espírito da caça ou do bwanga dos caçadores. Penso que julgamos mal, contudo, ao cindir o ente humano, nos nativos, e de qualificá-los como incompreensíveis, ilógicos ou misteriosos. É possível que na colheita de ervas, na maceração e confecção de cestos, redes de pesca e outros utensílios, não vejam incidência ontológica. São produções utilitárias separadas da sabedoria, da força vital. Contudo, ouvimos dizerem que essas habilidades, que essas técnicas lhes foram dadas com sua força vital. Mas eles fazem uma distinção clara entre a atitude para confeccionar bem um objeto material, e o poder de condicionar um instrumento para controlar e capturar outros entes vivos. Um é apenas frivolidade; o outro, trabalho vital. Não devemos nos surpreender ao vê-los usarem "magicamente" suas atitudes profissionais, e sabermos que refletem, desse modo, sobre as forças vitais que têm intenção de enfrentar.

Quem faz uma piroga em momento algum deixará de pensar conforme sua filosofia das forças. O empírico simples, bem como o abuso mágico, são penetrados por essa concepção dinâmica dos entes. Essa concepção é diferente da magia e é apenas um abuso, que existe paralelamente entre os que têm uma concepção mais estática dos entes, e entre aqueles cuja filosofia é bastante dinâmica. Os fundidores de cobre e os forjadores pensarão que não podem fundir o minério e mudar, assim, a natureza da matéria tratada, sem ter de apelar a uma força superior que pode dominar a força vital da "terra" que pretendem, assim, transformar em metal. Quanto aos caçadores, estarão convencidos de que é por uma força vital superior que tiveram inspiração para confeccionar seus utensílios com eficiência, e que tiveram a habilidade de os empregar eficazmente em seu combate com a caça capturada; ele pensará que é sua influência vital, fortalecida pelo poder do espírito tutelar dos caçadores, que levou a caça às suas armadilhas. Teríamos dificuldade de encontrar uma atividade ou um evento que tenha alguma importância na vida dos Bantus, que não se vincula à sua filosofia das forças, à sua concepção sobre influências vitais.

O conhecimento dos Bantus não é bífido. Entre eles não há um domínio reservado à criteriologia da filosofia das forças, junto a um domínio em que atuam os raciocínios de uma filosofia crítica racional. A filosofia das forças penetra o conjunto de seus conhecimentos. Eles não possuem outra concepção do mundo. É sua filosofia que orienta todos os atos e suas abstenções, e todo comportamento conscientemente humano é condicionado por sua ciência do ente como força.

Devemos concluir que esse conhecimento do ente (ciência mágica como a chamamos), que, na realidade, segundo eles, é apenas o conhecimento das forças, não seria um conhecimento crítico? Podemos dizer que somente nossa filosofia é uma ciência realista ou crítica, enquanto a deles não seria? Se quisermos compreender por uma filosofia crítica uma filosofia baseada na observação da realidade e sobre as deduções que podemos tirar da experiência humana, devemos admitir que a filosofia dos Bantus é, sob seu ponto de vista, e pelos motivos expostos acima, uma filosofia crítica na mesma medida que nossos sistemas ocidentais. Aos seus olhos, sua filosofia repousa sobre a evidência interna e externa. Se não fosse assim, deveríamos concluir que, sem motivos racionais, seu sistema seria apenas um produto da mais pura fantasia. Mas, então, a lógica concentrada de seu sistema se torna um milagre inexplicável!

Ademais, podemos nos perguntar se pode haver uma filosofia digna desse nome, que não seria o produto do pensamento crítico. Outra coisa é verificar se suas observações foram feitas corretamente e se suas deduções não ocultam falhas de raciocínio. Um sistema filosófico pode ser qualificado "crítico" mesmo que provemos que é falso. Se reservarmos o nome de filosofia crítica exclusivamente à concepção exata e verdadeira do ente, só poderia existir um único sistema de filosofia, e não poderiam ser tolerados sistemas de pensamento heterogêneos que ainda se encontrem designados pelo vocábulo "filosofia".

8. Os Bantus são indiferentes a toda ciência experimental?

É uma maneira sumária de colocar a questão. Nós a consideramos justificada, porque destaca a falsa luz sob a qual se coloca.

Quando falamos de experiência, pensamos em algo diferente do que os Bantus poderiam entender por "experiência". Diante da experiência, concluímos razoavelmente conforme nossa criteriologia e nossa ontologia, os Bantus pensam concluir validamente conforme a sua. Compreendemos a causalidade conforme nossa metafísica; os Bantus, conforme os princípios da causalidade de sua filosofia das forças.

Tomemos um exemplo para ilustrar essa tese. Os Bantus conhecem experimentalmente ervas e plantas depurativas, vermífugos e desinfetantes. Eles deduzirão: "esta planta, esta erva é uma força". Essa virtude não atuará, portanto, de forma diferente de todas as outras forças, por influência vital, que se torna intensa, ou diminui... ela só atuará pela força vital dos entes humanos fortes e vivos. Daí, as "condições" de remédios, os ritos e os encantamentos em uso durante o recurso aos medicamentos. Para nos certificarmos da eficácia dessas forças, que podem ser estimuladas, animadas e dirigidas, recorreremos a uma pessoa que possui poderes especiais para esse fim, recorreremos à sabedoria e à força de um "ancião", ou à arte de um nganga. Esse reavivamento, essa incitação das forças é um fato comum entre os Baluba ("kulangwila miji", estimular as raízes...) a fim de que suas virtudes, seu ser, esteja ativo em favor dessa pessoa doente. Em caso de fracasso, a inatividade das ervas que carecem de seu efeito curativo será explicada segundo seus princípios de causalidade.

Isso confirma que, entre os Bantus, todo conhecimento, embora experimental, enquadra-se em sua concepção das forças, e se imbrica em suas leis gerais do crescimento e da interdependência dos entes.

4

A "TEORIA DO MUNTU" OU A PSICOLOGIA BANTU

Após uma exposição da concepção bantu do mundo, de sua ontologia e criteriologia, é importante revisar suas ideias filosóficas sobre os entes humanos. É somente depois disso que será possível estudarmos sua filosofia do comportamento humano, em sua ética e em sua filosofia do direito.

Nota preliminar

A psicologia bantu que estudamos é a que existe em seu espírito e não a que resultaria da observação dos Bantus pelos europeus. É em seu ponto de vista que convém nos colocarmos para compreendermos essa psicologia, e como se integra em seu sistema geral de pensamento.

Se partimos de nossas concepções da psicologia para estudar os Bantus, estaríamos, aliás, destinados quase fatalmente a um fracasso. Quem se envolvesse, por exemplo, na investigação dos vocábulos que correspondem, nos dialetos bantus, às noções de alma, espírito, vontade, sentimento etc., já postularia que os Bantus dividem, como nós, os entes humanos em uma alma e um corpo, e que na alma distinguem diversas faculdades, como fazemos. Esse não seria um estudo da psicologia dos Bantus, mas, ao contrário, negaria a existência dessa psicologia, supondo que bastaria traduzir nossa terminologia. Para evitar esse falso início, devemos, ao contrário, começar do zero nossas concepções em termos de psicologia, e nos preparar para a eventualidade de chegarmos a uma concepção dos entes humanos muito diferente daquela que honramos. Nada mais temos que fazer senão escutar e analisar o que dizem os Bantus sobre esse ente que temos o costume de designar "animal racional".

É possível que o resultado pareça medíocre. É possível que me objetem, afirmando que não há uma psicologia completa. É certo que deveremos renunciar permanentemente às *distinguo* e às inúmeras subdivisões para as quais nossas escolas europeias não têm equivalentes no pensamento bantu. Parece-me, porém, que vale a pena reunir alguns pensamentos vigorosos básicos do que pudemos compreender dos Bantus nesse assunto. Por mais sumárias que sejam, essas informações poderão servir de prolegômenos às investigações posteriores mais rigorosas no domínio da psicologia bantu.

1. O muntu ou a pessoa

A noção de ente, que os Bantus possuem sobre todas as coisas que se aplicam tanto a Deus como aos entes criados, será evidentemente aplicável também aos entes humanos. O que os Bantus dizem sobre muntu é uma confirmação nova disso.

Força vital, aumento de forças, influência vital, são as três grandes noções que encontramos necessariamente na base da psicologia bantu. É sobre esse plano que queremos dividir o estudo desse tema.

a) O muntu é uma força viva, uma força pessoal

Os Bantus veem no ente humano a força viva; a força ou o ente que possui a vida verdadeira, plena e elevada. O ente humano é a força suprema, a mais poderosa entre os entes criados. Ele domina os animais, as plantas e os minerais. Esses entes inferiores só existem, pela predestinação divina, para a assistência do ente criado superior, o ente humano.

Seríamos tentados a perguntar em que consiste essa força superior para os Bantus; gostaríamos de exigir uma definição mais positiva; gostaríamos de saber em que princípio reside essa superioridade, essa magnitude vital.

Essa questão corresponderia àquela que nos colocamos na psicologia que nos é familiar: Em que consiste exatamente o ser espiritual dos entes humanos, esse elemento vital que chamamos a alma? Mas encontramos uma definição positiva do ser espiritual? Expusemos apenas as condições necessárias e suficientes que constituem o ente material? Composto, múltiplo, sensível, ligado a categorias do espaço-tempo: são propriedades do ente material; são propriedades que resultam da própria natureza do ente material. Podemos dizer, contudo, que isso nos explica o caráter íntimo da matéria? Na definição do espírito ou do espiritual não avançamos muito. Por que e de que forma um ente é espiritual? É ainda por suas propriedades que tentaremos definir o espírito. Ele é dotado de vontade e inteligência, não é "perceptível" pelos sentidos, transcende à matéria, age independentemente da matéria: são qualificações negativas ou indiretas que pouco nos ensinam sobre a essência espiritual em si.

Seria negligente, portanto, reprovar os nativos por não serem capazes de fornecer uma definição perfeita da natureza específica do muntu. Como nossas definições aproximativas nuançadas conforme nossa concepção muito estática do ente, os Bantus nos oferecerão descrições de qualidades dinâmicas do muntu conforme sua concepção da filosofia das forças.

O ente humano é a força dominante em meio às forças visíveis criadas. Sua força, sua vida, sua plenitude de ser consiste em sua semelhança mais ou menos grande com a força de Deus. Deus, diriam os Bantus, possui (ou melhor, é) a força suprema, completa, perfeita: é o forte em si e por si: I mwine bukomo bwandi: possui sua causa existencial em si. Com relação às suas criaturas, Deus é considerado pelos Bantus o causador, o sustentador das forças contingentes (como sua causa criadora). O ente humano é uma dessas forças contingentes vivas, causada, mantida e desenvolvida pela influência vital criadora de Deus. Em seu nível, o ente humano, pela força divina, é uma força vital. Não é causa primeira e criadora de vida, mas sustenta e aumenta a vida das forças que se encontram sob sua hierarquia "ontológica". Assim, o ente humano é, no pensamento bantu, ainda que em um sentido mais restrito que Deus, uma força causal da vida. Essa definição se restringe às únicas relações que pode ter com o que o cerca, sem, todavia, exprimir sua essência.

Os Bantus dirão ainda que o muntu tem a força de conhecer. "Udi na buninge bwa kuyuka" (kiluba). Conhecimento e sabedoria são forças vitais conforme suas concepções. Já indicamos que o verdadeiro conhecimento, a verdadeira sabedoria, consiste em compreender a natureza e a ação das outras forças, que esse é para eles o verdadeiro conhecimento: inteligência metafísica das forças ou dos entes.

b) O aumento e a diminuição do muntu

O segundo tema é apenas uma aplicação do segundo aspecto da teoria geral do ente-força entre os Bantus.

O que queremos desenvolver aqui já foi praticamente introduzido pelos capítulos que precederam, e, notadamente, no terceiro artigo do capítulo 2, que expõe como o comportamento vital dos nativos se centra em um valor eminente: a força vital.

Conforme o pensamento bantu, é lógico, portanto, que o muntu possa crescer ontologicamente, que se torne maior, mais forte, e, igualmente, que possa, enquanto muntu, diminuir, perder sua força vital, para chegar à completa evanescência de sua essência, que é a paralisia da força vital, que lhe retira o poder de ser uma força ativa, uma causa vital. Esse estado de diminuição última do ser é o de certos mortos; é o estado no qual se encontram os antepassados que não possuem mais o meio de se reunir com os vivos terrenos, que não podem mais, portanto, exercer sua influência vital, nem a favor do fortalecimento da vida nem em seu detrimento para a redução ou destruição da vida.

O muntu vivo se encontra em uma relação de ser ou de vida com Deus, com sua ascendência, com seus irmãos de clã, com sua família e com seus descendentes; está em uma relação ontológica similar com seu patrimônio, seus bens, com tudo o que contém ou produz, com tudo o que cresce e vive. Todas as aquisições constituem um aumento de força vital aos olhos dos Bantus; tudo o que institui, deteriora ou destrói esse "patrimônio", ou seja, tudo o que prejudica o que constitui sua força vital, extingue uma diminuição do muntu em si, do muntu em sua essência, que estará "morto" como resultado, kufwa no sentido que precisamos acima.

É sempre segundo essa concepção das forças que os Baluba falam de "muntu mutupu" para designar um ente humano de importância medíocre, desprovido de força; enquanto o "muntu mukulumpe" designa o ente humano poderoso que tem influência na comunidade. O vocábulo "muntu" já inclui uma ideia de excelência ou integridade. Assim, os Baluba dirão "ke muntu po" (não é um muntu), sobre uma pessoa que se conduz de um modo indigno. Eles dirão isso inclusive de um recém-nascido que foi concebido fora das condições ontológicas, morais e jurídicas normais da vida no clã.

Eles pensam do mesmo modo ao falarem de "mfumu" (chefe) ou de "tata" (pai), enquanto refletem sobre o ente humano que perdeu sua força denominando "mufu" (morto) aquele que lhes parece afetado em sua essência humana devido à sua falta de poder. Quando designam assim categorias de entes humanos não se trata, aos seus olhos, de uma classificação baseada em diferenças acidentais, mas, sim, de uma gradação na qualidade essencial do ente humano conforme a intensidade de sua força vital.

Um colega encontrou a palavra exata quando fez a observação: "É curioso, essas pessoas não falam como nós; falam de uma maneira muito 'realista'".

Com efeito, a linguagem nativa é muito "realista". Suas falas se referem à natureza íntima das coisas. Eles falam "ontologicamente".

Não é por uma nomeação nem por uma designação que se acrescenta ao humano simples a qualidade de mfumu. Pela investidura alguém se torna e é mfumu, é força vital nova, superior, suscetível de fortalecer e de manter tudo o que cai ontologicamente sob sua hierarquia. Alguém se torna chefe de clã e patriarca, não residualmente, pelo decesso de outros antigos que tinham precedência e porque se torna o sobrevivente com mais idade do clã, mas por um aumento interno do poder vital, elevando o muntu do patriarca ao nível de intermediário e canal de forças, entre os ancestrais, de uma parte, e a descendência com seu patrimônio, de outra. Jamais dispensamos tempo o bastante para observar a transformação que ocorre, quando revemos um chefe de clã que conhecíamos previamente como um simples integrante da comunidade; essa mudança de qualidade se traduz por um tipo de "possessão". O muntu se encontra, com efeito, consciente e permeado por toda sua concepção do mundo, por todas as suas formas de conhecimento, de que se tornou um muntu de novo, que se revestiu de uma força nova que, outrora, não pertencia à sua qualidade de humano. Não é mais o que era, modificou-se em sua essência. Deve, então, provocar surpresa o fato de que cada aumento de vida capital se traduza pela atribuição de um novo nome? É necessário um novo nome para designar o muntu renovado e reforçado. Em certas regiões, o circuncisado recebe – nos relatam – um novo nome. Isso parece lógico se a circuncisão possui esse caráter profundo que, de fato, mais que uma operação cirúrgica, é um ato ritual (ato mágico) para o fortalecimento do ente. Com efeito, a realização desse ritual se encontra, conforme a concepção bantu, em relação estreita como o aumento do poder de procriação, e constitui o poder vital. O mfumu (chefe) recebe em sua investidura, que é uma exaltação de seu ser ou de sua força, um nome de chefe, e seu antigo nome não deve mais ser pronunciado, sob pena de lesar ou profanar sua força vital.

c) O muntu é uma causa ativa, exerce uma influência vital

Como a ontologia bantu – rebelde ao conceito europeu da coisa individuada, existente em si, e isolada das outras –, sua psicologia não pode conceber o ente humano enquanto indivíduo, força existente em si, fora de suas relações ontológicas com os outros entes vivos, e fora de sua relação com as forças animadas ou inanimadas que o cercam.

Uma pessoa bantu não pode ser solitária. Não basta traduzir isso dizendo que é um ente social. Não, ela se sente e se diz uma força vital em relação atual íntima e permanente com outras forças que atuam acima e abaixo dela na hierarquia das forças. Ela se conhece como uma força vital atualmente influenciada e influenciante. Não existe na concepção bantu o ente humano fora da hierarquia ontológica, da interação das forças.

Já discorremos sobre interação dos entes no capítulo que trata da ontologia bantu, e portanto não é necessário revermos sua aplicação sob a presente rubrica. Tentamos formular as leis que regem a interação dos entes, que qualificamos de leis causais, lá onde se via, até o presente, apenas derivações mágicas.

Com relação à psicologia, convém, todavia, pararmos para examinar o que nomearíamos "a vontade".

Os Bantus conhecem o livre-arbítrio, a faculdade que o muntu possui de decidir por si e de escolher entre um bem superior e um bem inferior, entre o bem e o mal. Eles pensam que o ente humano pode ter uma "vontade vivificante ou uma vontade destrutiva". O ente humano pode ter uma vontade ordenada, ou seja, em conformidade à ordem das forças como Deus as quis, respeitando a vida e a hierarquia das forças. Ao atuar desse modo, o patriarca ou o chefe do clã, o chefe, o nganga (o homem dos remédios) poderá agir como verdadeiro animador da vida, como conservador e protetor da força vital. Porém, o ente humano pode igualmente ser animado por uma vontade destrutiva, uma volição nefasta. Sua vontade má (ódio, inveja, ciúme) repercutirá na força vital dos entes mais fracos pela única volição de uma redução vital. É essa influência nefasta resultante da vontade destrutiva de alguns entes humanos que é designada por "buloji" ou "kulowa" entre os Bantus.

2. O nome ou o indivíduo

Após termos tratado do ente humano em geral, vejamos como os Bantus compreendem o ente humano concreto, o indivíduo determinado.

a) O indivíduo é impenetrável por seu semelhante

A noção geral de ente humano, como a descrevemos, é conhecida por todo muntu. Ela é verdadeiramente comum a todos os povos originários.

Passando pelo conhecimento do ente concreto e individuado, o conhecimento se torna mais hesitante: "Munda mwa mukwenu kemwelwa kuboko nansya ulele nandi butanda bumo!" (ninguém pode colocar o braço no interior de seu companheiro, mesmo quando compartilha sua cama). O foro interior do próximo permanece secreto para sua amizade mais íntima.

Qual é a natureza dessa influência vital que se coloca em minha ambiência, com a qual coabito? Qual é a intensidade de sua força, qual é sua ação nesse caso determinado, ou sobre essa pessoa individuada? São coisas que não podemos apalpar com as mãos, que não podemos ver com os olhos. Nesse domínio da ação, não podemos ser invocados por "testemunhos" ao modo europeu.

Já assinalamos que nos entes humanos os Bantus distinguem o ente humano propriamente dito e suas diversas manifestações sensíveis: o corpo, a respiração, a sombra etc. Entre os Bantus, a ninguém é dado o conhecimento direto da força viva, que é o ente humano em si. É o privilégio dos videntes sobre os quais trataremos mais adiante.

b) Os critérios gerais que definem o indivíduo

Um primeiro critério é o nome. O nome exprime a natureza individual do ente. Não é um simples rótulo, é a própria realidade do indivíduo.

Um exemplo permitirá compreendermos a diferença de aceitação do nome entre os ocidentais e entre os Bantus. Se hesitamos quanto ao nome de uma pessoa europeia e lhe perguntamos: "Você se chama Luís, certo?" Ela lhe responderá com "sim" ou com "não". Porém, pergunte ao muntu: "Você se chama Ilunga?", e receberá uma destas respostas: "tata" (pai) ou "bwana" (mestre), ou ainda "eu", "eu mesmo", "eu, aqui", ou "sou eu", mas não lhe dirá "Eyo" ou "Ndio" (Sim).

Eis outro exemplo dessa linguagem espontânea. Batizei um bebê bantu e, ao levar o ato ao registro, interroguei os pais: "Seu nome nativo, portanto, é Ngoi?" Eles responderam: "É ele"; "e seu nome cristão é, portanto, Joseph?" Eles responderam: "Sim". O nome nativo designa, com efeito, quem é a criança, enquanto o nome cristão é alguma coisa de adventícia, de estrangeira, de europeia. É por isso que podemos responder como se falássemos aos europeus: Chama-se Joseph? Sim, chama-se Joseph. O primeiro nome designa a especificação individual, o segundo é um epíteto adventício.

A resposta "tata" ou "bwana", que pode surpreender os leitores, receberá posteriormente sua plena explicação. Por agora basta indicar aqui que a pessoa que responde ao apelo de seu nome faz isso respeitando a posição vital, a relação de forças na qual ela se encontra diante de sua interlocutora.

O muntu pode ter vários nomes. Entre os Baluba há, geralmente, três tipos de nomes. Distinguimos, inicialmente, o "dijina dya munda", que é, como dizem os Baluba, o nome interior, o nome de vida ou do ente. Esse nome jamais se perde. Um segundo nome é o que é dado na ocasião de um aumento de força; seria o nome de circuncisão, o nome do chefe ou do bruxo, recebido na iniciação, na investidura ou na ocasião da possessão pelo espírito. Enfim, há nomes escolhidos e nomes atribuídos a si: "Dujina dya kwinika bitu", um nome que só serve para nomear exteriormente, sem relação profunda com a pessoa ou com o indivíduo. Esse último nome pode ser alterado ou abandonado de acordo com sua detentora. Esses são os "majina a kizungu" dos nomes de estilo europeu, como, por exemplo, "Mashini, Petrol, Bécéka, Motoka(r) etc." Com efeito, não convém que o "muntu wa bazungu" (o muntu das pessoas brancas) – que se colocará sob a influência vital dominante das pessoas negras – tenha, igualmente, um nome de tipo europeu? Isso fornece um novo exemplo do realismo com o qual desfrutam sua vida. Nesse jogo, a filosofia das forças não é, certamente, estranha.

Voltemos, porém, ao caráter particular do primeiro nome, do nome vital imutável, do nome que indica a individualidade ontológica do ente. Para os Bantus, o ente humano não aparece, com efeito, jamais como um indivíduo isolado, como uma substância independente. Todo ente humano, todo indivíduo constitui um elo na cadeia das forças vitais, um elo vivo, ativo e passivo, vinculado pelo alto ao encadeamento de sua linha ascendente e suportando abaixo dele a linha de sua descendência. Poderíamos dizer que, entre os Bantus, o indivíduo é necessariamente clânico. Isso não visa simplesmente a uma relação de dependência jurídica, nem as do parentesco, mas deve ser entendido no sentido de uma interdependência real ontológica. Nessa ordem de ideias, podemos dizer que o "nome interior" é indicativo da individualidade clânica.

Então, o que é o clã? É o conjunto dos indivíduos específicos que o constituem; o conjunto dos nomes interiores, iniciado pelos fundadores do clã. Todo recém-nascido, portanto, recebe um nome interior escolhido entre os nomes, ou seja, entre as individualizações constitutivas do clã. Os próprios Bantus dirão à parturiente: "Tu geraste nosso avô, nossa tia, nosso tio etc." Eles dirão: "Esse espírito ou esse antepassado nos nasceu". De uma forma muito geral, os observadores europeus deduzem disso que há aí uma crença na metempsicose, no sentido estrito dessa palavra. É necessário elucidar esse ponto, uma vez que os Bantus não podem imaginar-se indivíduos fora dessa relação, a qual designamos impropriamente metempsicose.

Eis alguns fatos facilmente verificáveis: uma mesma pessoa ancestral pode "renascer" em vários integrantes vivos do mesmo clã. Encontraremos frequentemente em um mesmo clã vários Ngoy ou vários Ilunga que são designados conforme a mesma pessoa ancestral Ngoy ou Ilunga. Os Bantus dirão que essa pessoa ancestral "retornou" em cada um de seus homônimos. Mostra-se já que não há metempsicose, no sentido em que os europeus designam comumente essa crença. Com efeito, não vemos como uma Ngoy morta se desdobraria em várias Ngoy vivas. Os Bantus dirão que a pequena Ngoy que está para nascer é a Ngoy morta, porém, sabem que a nova Ngoy não se identifica com a pessoa morta. Com efeito, o nascimento da pequena Ngoy de modo algum põe fim à existência da Ngoy morta no mundo dos mortos. A Ngoy morta se tornará o "ngudi" (em kiluba) ou o "mbozwa" (em kilemba) da recém-nascida que é seu majina (homônimo). Esse "ngudi" será evocado em favor da criança e, quando essa atingir a idade da razão, aprenderá a se chamar sua "ngudi". Toda "ngudi" permanece a protetora inseparável de seu homônimo.

Assim, portanto, quando os Bantus falam dos mortos que retornam e renascem, não falam de uma metempsicose no sentido clássico que damos a essa palavra.

Então, como devemos entendê-lo? Existe uma explicação lógica para essa crença? Parece que podemos encontrá-la recorrendo à teoria da filosofia das forças cuja hipótese provamos uma vez mais.

A concepção de um novo ente humano é atribuída exclusiva e expressamente ao ato de Deus entre os Bantus. Ele é o criador, a força causal de toda vida. Quando o fruto se desenvolveu no ventre materno e a mãe começa a sentir a vida, os Bantus dizem que já há um ente humano; um ente humano está para nascer. Mas, eles se perguntam quem é esse que está para nascer. O ente humano está ali, mas não se pode ainda especificá-lo enquanto indivíduo. Caso se tema as dificuldades obstétricas, busca-se o adivinho para saber o que vai mal. Por vezes, ele poderá explicar que é porque um ancestral disputa com um espírito a vantagem de renascer nessa criança. Por vezes, ele indicará qual dos dois tem as melhores chances, e, assim, os pais sabem se é o Ilunga ou o Ngoy, ou outro, quem virá ao mundo. Por vezes, a grávida poderá conhecer a individualidade da criança que ela traz pela revelação de seus sonhos. Ao interrogar uma cristã para que me dissesse como sabia que a criança que me apresentava ao batismo era Monga, ela respondeu: "Enquanto estava grávida, sonhei várias vezes que o falecido Monga me perseguia, dizendo-me: 'Unselé! Unselé!' (carregue-me) e, assim, soube que era ele que me seguia para renascer em mim".

O ancestral já falecido, ou o espírito, não é o agente da concepção, nem sua pessoa, que renasce no sentido próprio da palavra. É o ente humano que já possui a vida no ventre de sua mãe (por influência divina) que se encontrará sob a influência vital, sob a influência ontológica de um ascendente determinado ou de um espírito, ou mesmo de uma pessoa morta que, sem pertencer realmente ao clã, encontrava-se, porém, em relações vitais estreitas com os genitores. Os ancestrais não são, após Deus, os sustentadores da força vital? Não é pela influência íntima vital de uma pessoa morta sobre sua progenitura que a recém-nascida poderá ser individualizada no núcleo de seu clã?

Talvez pudéssemos exprimir melhor a ideia dizendo que não é um ente humano determinado do clã que renasce, mas que é sua individualidade que volta a participar na vida do clã pela influência vital da qual essa pessoa morta imbui a recém-nascida, ou o fruto vivo que nascerá no clã. Essa influência vital se conserva durante toda a existência, uma vez que pertence à própria presença do ente.

Outro critério do indivíduo, da força vital concreta, é a aparência sensível do ente humano.

Lembremos uma vez mais que os Bantus distinguem nos entes humanos, além do muntu, ou ente humano propriamente dito, seu corpo, sua respiração e sua sombra etc. Sua força vital pode se exprimir de um modo particular em certos aspectos ou modalidades da aparência exterior do ente humano, que poderíamos chamar momentos ou nós de alta tensão vital. O olho, a fala, o gesto, os atos simbólicos, o transe, a inspiração, a possessão são critérios dos quais os Bantus concluem a existência de forças vitais determinadas, influências vitais eficazes e circunstâncias definidas. Aos olhos dos Bantus são as provas antigas e usuais da existência de uma influência vital caracterizada[14].

Se uma pessoa roga uma praga contra outra e essa adoece ou lhe sobrevém um acidente, essa palavra má indicará irrefutavelmente à pessoa doente ou à vítima que a influência nefasta, que prejudicou sua vida, emana da praguejadora.

Repetimos, ainda, que o olho, o gesto ou, no caso proposto, a fala não são os agentes do malefício. Abandonemos as expressões obsoletas "magia simbólica", "magia do desejo expresso" ou "magia de similitude". Para os Bantus há o ente que é força – suscetível de crescimento ou de esvanecimento –, a qual exerce uma influência direta sobre outras forças. Essa contém a própria essência da concepção originária do ente. Junto a essa concepção ontológica, encontramos critérios sensíveis e contingentes, como aqueles enunciados acima, que permitem concluir a existência e a presença de influências vitais em casos concretos.

---

14. Já os Baluba, a exemplo dos juízes europeus, começam a falar de "testemunho" (ba-temwa), que viram ou ouviram a própria coisa, o que os juízes europeus têm em conta. Qualquer pessoa bem vê que, pela interpretação dos critérios da influência vital, eles constatavam a causalidade "ontológica".

5

Ética bantu

1. As normas do bem e do mal, ou a ética objetiva

O ente humano não é a norma última de seus atos. Não encontra em si a justificação última de suas ações e omissões. Transcendente ao livre-arbítrio humano, há uma força superior, que conhece, que aprecia e que julga os atos humanos.

Contra a decisão e o fato do poder humano supremo há sempre um recurso diante do poder transcendental, do qual o ente humano recebeu seu poder de justiceiro, encarregado de dar conta dela.

Quando o ancião, o patriarca, o chefe usual decidem, os Bantus dizem, como dizem os Baluba: "I aye mwine" (Ele mesmo quer, ele diz por que quer. É sua obrigação e seu direito). Porém, se estão perfeitamente convencidos de seu direito, se estão certos da injustiça da sentença humana, sem dúvida, consentirão, mas protestando com um recurso ao criador, mestre de todos os humanos. Deixando-se levar, uma pessoa anunciará: "Faça o que quiser; você tem a força de me matar; mas eu sou o muntu de Deus (Ne muntu wa Vidye (kiluba)). É Ele quem nos julgará a ambos; Ele não lhe permitiu, homem poderoso, julgar arbitrariamente um homem que é menos seu do que de Deus; pois não és tu quem tem o direito, és apenas o representante e mandatário".

Como todos os nativos (e como todos os seminativos), os Bantus se voltam aos seus conceitos filosóficos, e à sua teodiceia, para extrair princípios e normas do bem e do mal. Não são "evoluídos" a ponto de desejarem conceder alguma chance de vida a essa "racionalista" natimorta que é a moral laica. Parece, porém, ser o objetivo de alguns colonizadores abrir a seus pupilos o acesso a esse plano "superior" da civilização...

a) Os Bantus possuem a noção do bem e do mal?

É comum ouvirmos dizer que os Bantus não distinguem o bem do mal, ou, ao menos, que possuam a esse respeito concepções não civilizadas, que ferem duramente nossas acepções da moral.

É verdade que, para muitos dentre nós, é tido como um fato estabelecido que os Bantus têm apenas uma ideia vaga do ente supremo, que estão convencidos de que as criaturas não têm acesso à sua presença, que Ele próprio, aliás, mantém suas distâncias e jamais se envolve no acontecimento cotidiano da existência humana. Apesar desse preconceito, acreditamos que devemos nos dar ao trabalho de interrogar os Bantus sobre esse ponto.

No tema do roubo, diz-se, geralmente, que os Bantus não veem o menor mal nisso, e que para eles se trata apenas de não serem pegos. A mentira e a trapaça seriam, aos seus olhos, um sinal de fineza de espírito, protegido contra toda apreciação moral. O adultério não seria para eles uma infração moral, bastando, para quem for pego, pagar a indenização.

Alguns concedem, porém, que há entre os Bantus o cuidado de manter a ordem social e a paz no clã. Mas esse cuidado seria vazio de conceitos morais e indiferente a normas éticas universalmente aceitas. Esses autores falam, sem dúvida, sob a influência de teorias ocidentais modernas, segundo as quais a ordem social é apenas a conformidade ao comportamento generalizado. Essa moral e o direito correspondente são evidentemente vazios de concepções fixas ou de convicções principiais imutáveis.

Em etnologia, não somos muito avançados quando apresentamos como ética bantu um feixe de cânones de moral permeado por nossas concepções éticas. Trata-se de saber o que os Bantus pensam. É importante ver se concebem normas transcendentes do bem e do mal acima do que normalmente fazem, ou, talvez, em oposição a isso.

Temos de admitir como um fato étnico se os Bantus nos indicam princípios imutáveis e transcendentes, segundo os quais determinam se um ato é bom ou mau, conforme ou não à ordem vital das coisas.

Destaquemos, inicialmente, que não é necessário considerarmos abusos repetidos como hábitos aceitos. Não é o comportamento comum dos humanos, que se escusam com pretextos egoístas para seus desvios, que pode constituir a norma ortodoxa de uma ética.

Ora, encontrei-me centenas de vezes em diversas situações em que ouvi os Bantus dizerem: "I bibi" (É mau). O que me afligiu e por muito tempo me surpreendeu é o tom de profunda convicção com o qual essas duas pequenas palavras eram pronunciadas, verdadeiramente como se sentissem, mais do que soubessem, a distinção entre o bem e o mal. Assim, podemos entender que condenam, em princípio, e com toda a força de sua sabedoria vital indestrutível, a influência destrutiva do muloji (bruxo, aqui, no sentido de feiticeiro). Em princípio, eles igualmente rejeitam – devido a seu malefício intrínseco – a mentira, a trapaça, o roubo, o adultério. Condenam, também, de seu ponto de vista, diversos hábitos, embora muito difundidos, como a poligamia, o casamento de impúberes e outros abusos sexuais. Em suma, eles conhecem e reconhecem a lei natural, formulada no Decálogo.

Não surpreende pensar que nossas autoridades afirmam buscar motivos para evitar esses abusos! E, no entanto, atualmente, vemos essas autoridades – tomando o abuso repetido por direito consuetudinário sagrado – patrocinarem os piores desvios do costume antigo e são dos Bantus.

Todo bantu que aborda o pretório não proferirá uma fórmula que se aproxima dessa em uso entre os Baluba: "Sou alguém que diz a verdade, minhas falas seguem o evento, conforme é produzido e desenvolvido, pois sou um muntu mukulumpe, uma grande pessoa?" Em outras circunstâncias, ouviremos os Bantus se gabarem de respeitar a pessoa e o bem dos outros. E a nostalgia daqueles com mais idade que gostam de dizer que "todos os bons e velhos princípios se extraviam" não é sintomática?

É indubitável que os Bantus têm noções do bem e do mal. Mostraremos que seus princípios éticos não estão, aliás, suspensos no ar.

b) A base da consciência do bem e do mal se vincula à filosofia dos Bantus

Os Bantus são ainda suficientemente originários para poderem reconhecer a relação existente entre os cânones do direito, as regras da moral, a ordem das coisas ou os princípios da filosofia. Para a ciência positiva moderna todo o mundo material, toda a física, toda a mecânica e todo o espaço estelar se reduzem a uma ideia única.

Para os povos originários a sabedoria suprema consiste em reconhecer no universo, do qual não excluem tolamente e *a priori* o mundo espiritual, essa unidade na ordem dos entes. Toda sua ontologia, que poderíamos sistematizar em torno da ideia fundamental da "força vital" e noções conexas de crescimento, solidariedade, influência e hierarquia vitais, mostram o mundo como uma pluralidade de forças coordenadas. Essa ordem é a condição essencial da integridade dos entes. Os Bantus acrescentam que essa ordem vem de Deus e que deve ser respeitada.

Deus é o possuidor, o evocador, o fortalecedor e o conservador da vida. Sua grande e santa dádiva aos humanos é a da vida. As outras criaturas, que são, segundo a concepção bantu, forças vitais inferiores ou superiores, só existem, no plano divino, com o único objetivo de manter e aumentar a dádiva da vida concedida aos humanos.

O fortalecimento da vida, sua conservação e o respeito a ela são, pela natureza própria da criação, o tema dos ancestrais e dos anciãos, vivos ou mortos. Paralelamente, as forças inferiores são disponibilizadas aos humanos para servir ao fortalecimento, à manutenção e à proteção do muntu.

Segundo o plano divino e sua vontade, toda vida pode e deve ser respeitada, conservada e reforçada no muntu.

Junto aos povos originários é difícil definir e exprimir o que pode ser conservado de revelação original, da revelação explícita, por Deus, da lei moral. Mas a vontade divina se encontra, conforme os Bantus, expressa na economia do mundo, na ordem das forças, à qual sua inteligência natural tem acesso. Eles a deduzem de sua sabedoria e de sua concepção filosófica da relação e interação dos entes. A moral objetiva entre os Bantus é uma moral ontológica, imanente e intrínseca. A moral bantu contém essencialmente coisas compreendidas segundo sua ontologia. O conhecimento de uma ordem natural necessária das forças faz parte da sabedoria dos povos originários. Podemos concluir que um ato, um uso, será, sobretudo, qualificado de ontologicamente bom pelos Bantus, e que será por isso julgado moralmente bom e, enfim, por via de dedução, que será apreciado como juridicamente justo. Os Bantus ainda não acederam, com efeito, à sutileza que permite a nossos juristas descobrirem um direito positivo emancipado da filosofia ou da natureza das coisas.

Expusemos as normas do bem. Inversamente, as normas do mal são, evidentemente, paralelas. Todo ato, comportamento, atitude e hábito humanos que atentam contra a força vital ou o crescimento e a hierarquia do muntu são maus. A destruição da vida é um ataque ao plano divino, e o muntu sabe que uma destruição semelhante é, sobretudo, um sacrilégio ontológico, e por isso é imoral e, por conseguinte, injusta.

c) O direito positivo dos Bantus se enquadra em sua moral ontológica

Para os Bantus, como o muntu vivo é, pelas disposições divinas, a norma do direito ontológico ou do direito natural, será também a norma do direito positivo. Poderíamos, aliás, mostrar com o mesmo rigor lógico que o muntu é a norma da língua, da gramática, da geografia, de toda a vida e de tudo que a vida coloca em relação com o muntu.

Se o direito de propriedade, o regime fundiário, a transferência sucessória, a organização clânica e interclânica antiga ou a organização política mais recente, em suma, se toda a legislação positiva ou convencional não podem ser compreendidos por dedução lógica necessária das premissas dos dados ontológicos da filosofia bantu, ao menos é certo que o direito consuetudinário dos povos originários, por mais específico e convencional que possa parecer, adapta-se perfeitamente à estrutura da filosofia e da moral bantu, como já descrevemos.

Todo direito consuetudinário digno desse nome (e que seja direito e não uma tolerância do abuso) é inspirado, animado e justificado do ponto de vista bantu por sua filosofia da força vital, do crescimento, da interdependência, da influência e da hierarquia vitais. O direito consuetudinário está baseado em valor sobre a filosofia dos nativos.

De um lado, a moral, ou seja, a distinção entre as ações humanas boas e más segundo o critério da vontade divina (ou segundo o critério da ordem natural, que é meramente a expressão dessa vontade divina), e, de outro, o direito, ou seja, a distinção entre as ações boas ou más dos humanos em relação aos seus semelhantes, ao clã, ou, de um modo mais geral, à sociedade, repousam, entre os Bantus, sobre um mesmo fundamento de princípios e constituem um todo único entre os Bantus (Possoz, 1943, p. 30). A sociedade, em sua organização clânica ou política, é, com efeito, ordenada igualmente conforme os princípios ou, antes, as realidades das forças vitais, de seu crescimento, de sua interação e de sua hierarquia. A ordem social só pode se basear na ordem ontológica, e uma organização política que violasse esse princípio jamais poderia ser reconhecida entre os Bantus como ordenada ou normal. Basta lembrar as dificuldades insuperáveis, a oposição irredutível das comunidades nativas, cada vez que a autoridade europeia, com as melhores intenções, mas ignorando a realidade da moral e do direito bantus, tenta impor uma organização política que viola a ordem ontológica da hierarquia bantu.

d) A tenacidade do muntu na defesa de seu direito é a consequência de seu vínculo à sua sabedoria fundamental e à sua filosofia

Os Bantus possuem uma moral na medida do que lhes resta de filosofia. A consciência de seus direitos superiores é ainda mais distinta porque puderam adquirir e guardar uma noção mais clara e mais evidente do mundo segundo sua ontologia.

Diante das eternas discussões dos Bantus, tendemos a nos irritar e a perder a paciência. Porém, como poderiam renunciar a essa atitude? Quanto mais elevado seu pensamento, mais seus argumentos se enraízam em sua concepção filosófica, e quanto mais ontológicos são sua sabedoria e seu comportamento, mais tenazes serão, e mais audaciosos serão em defesa de seu direito. É nessa defesa que os não civilizados parecem melhores enquanto personalidade, porque seu direito (como sua religião, aliás) repousa sobre a essência íntima de sua humanidade, sobre sua concepção do mundo e sua filosofia.

Para os Bantus, renunciar à sua filosofia é renunciar à moral e ao direito. Suas altas obrigações baseadas em princípios inabaláveis de sua filosofia e em sua concepção da humanidade condicionam igualmente o caráter sagrado e a alta consciência que possuem de seus direitos.

Aquela pessoa que se restringe a reconhecer seu *status* jurídico de simples obrigações civis, econômicas ou sociais, só poderá reivindicar, no direito, simples direitos civis, econômicos ou sociais. Entre os "não civilizados" encontramos a consciência inalterada do caráter humano do direito, e seremos tentados a confessar um profundo respeito à sua concepção jurídica, ao menos porque têm o respeito prático pelos direitos de seu próximo, na mesma medida que os professam quanto a seus direitos. Essa teimosia arrogante na perseguição e na consciência de seu direito torna-se, à luz dessa melhor compreensão da mentalidade dos Bantus, uma qualidade apreciável de grandeza humana. Não devemos ver aí uma obstinação imbecil dos nativos.

2. O ente humano bom ou mau – A ética subjetiva

Após termos examinado as normas objetivas do bem e do mal (ontológicos, morais e jurídicos) nos Bantus, convém examinar qual deve ser o muntu, e, do ponto de vista dos não civilizados, o comportamento humano, na qualidade de indivíduo, de integrante da sociedade clânica ou dos cidadãos de uma ordem política.

Devemos, portanto, revisar as noções bantus do dever, da consciência, da falta e da responsabilidade, quando e por que o muntu se diz e se sente bom ou mal? Quando e por que o clã ou a sociedade política designarão um de seus integrantes como bom ou mau? Quais são os graus da bondade ou da maldade humana? Quais são, aos olhos da comunidade bantu, as circunstâncias agravantes e atenuantes dessa apreciação?

a) O ente humano perverso ou aniquilador (muloji, mfwisi, ndoki)

Conforme os Bantus, há, em certas pessoas, uma maldade sem remissão. É a maldade total, superlativa. Em todos os ramos da família bantu, o muntu evidencia um terror de repulsa assustadora, intensa, para essa forma diabólica do mal. O buloji é para o Bantu como a perversão, a podridão de seu ser. É uma putrefação da qual emanam os esporos que portam o contágio destrutivo de toda sua ambiência, um tipo de contágio ontológico.

O crime mais dissoluto, a prostituição mais cínica das leis sagradas da natureza, são, conforme os Bantus, obras destrutivas, voluntárias e conscientes do buloji ou da bruxaria. Nosso estudo da ontologia já nos mostrou que para isso não é necessário haver um recurso a procedimentos ou maquinações mágicas, tampouco, a algum instrumento externo. A única força vital pervertida que deseja a morte basta para surtir esses efeitos destrutivos. Nela mesma, essa força corrosiva pode ser diretamente aniquiladora. Os Baluba chamam essa influência voluntariamente sacrílega, que prejudica a vida, essa dádiva divina sublime, "nsikani", vontade perversa. Não pode existir razão suficiente para justificar nem para escusar semelhante ação das forças contra a natureza.

Toda aversão, ódio, inveja, ciúme, fofoca, e mesmo o enaltecimento exagerado ou o elogio falso são severamente desaprovados, em princípio, pelos Bantus. Àqueles que exibem inveja ou ódio, dirige-se a reprovação: "Queres me matar? Tens o buloji no coração?" Toda vontade má premeditada é qualificada de "nsikani", e o verdadeiro nsikani, aquele que atenta maldosamente contra a força vital de outros, é sinônimo de buloji.

Semelhante muloji é considerado culpado no grau mais elevado pelos Bantus. É culpado também perante Deus, dispensador e conservador de toda vida. O muloji que atenta contra a ordem natural, o direito natural, e, por consequência, o direito positivo, é, portanto, culpado também no ponto de vista jurídico. A sociedade exerce seu direito de defesa contra um semelhante malfeitor que espalha a destruição e a morte, que provoca a aniquilação do ente.

b) A vontade má incitada ou provocada

Os Bantus conhecem formas menores da maldade. Admitem notadamente que uma pessoa pode ser provocada e incitada por outros a ponto de sua disposição de vida se converter em vontade de aniquilação. A pessoa pode ser levada a sofrer tamanhos desprezos da parte de seus próximos que se vê obrigada, relutantemente, a proferir imprecações, a querer a redução vital de outros. Nesse caso encontra-se cega de raiva, sua visão não é mais clara: a pessoa ferida tem a escuridão diante dos olhos: "Mu meso mufita fututu" (a obscuridade vem diante dos olhos), dizem os Baluba. "Bulobo bwamukwatwa" (a incitação se apossou dela); "Nakwatwa nsungu" (estou tomado pela raiva), dizem eles ainda. Incitação, raiva, ofuscamento da visão não são faltas. Esses estados de alma não constituem um mal moral, e, por conseguinte, não podem ter caráter juridicamente criminal. Essas atitudes, esses sentimentos humanos não são em si influências vitais nefastas, embora possam conduzir a isso. Esses estados são, com efeito, determinados por circunstâncias exteriores, dizem os Bantus, contrariedades ou infortúnios, vontade má ou injustiça de terceiros etc.

Porém, embora se admita que o ente humano seja levado a estados semelhantes por circunstâncias que lhes são estranhas, é um fato que a raiva, ainda que involuntária, exerce uma influência vital negativa e nefasta quando se volta contra outros. A pessoa incitada não se encontra mais nas disposições respeitosas da vida, está em um estado anormal, em um estado contra a natureza, e esse estado anormal, junto a uma vontade destrutiva involuntária, basta para exercer uma influência nociva nos humanos que se encontram em relação vital com ela e em todas as formas de vida (de existência) menores contra as quais se revolta sua vontade incitada pelo mal.

Embora os efeitos nefastos possam ser idênticos, resta uma diferença fundamental entre a maldade do bruxo e a vontade má da pessoa incitada pelo mal. Não diremos que o bruxo, o aniquilador, a maldade, se apossou dela; diremos que é má, que sua vontade é má. Da pessoa incitada diremos que foi provocada por circunstâncias lamentáveis e que foi tomada de raiva. Enquanto a pessoa age sob o domínio da raiva, enquanto a obscuridade permanece diante dos olhos, não será responsabilizada pelos atos que possa cometer. Trata-se, certamente, de uma explosão de raiva passageira, pois a natureza colérica que produz explosões crônicas ou um estado permanente será considerada uma expressão da maldade de uma pessoa perversa, de uma aniquiladora. Quando a pessoa incitada se acalma, quando a raiva a deixa, e quando começa a se dar conta de tudo o que disse e fez sob o domínio de sua raiva, é obrigada a corrigir sua atitude destrutiva para retornar ao respeito pela vida, pelo fortalecimento da vida. Como essa raiva incitada por um agente externo é, por sua natureza, exteriorizada, a pessoa é obrigada igualmente a revogar publicamente suas imprecações e maldições e a declarar sua disposição, tão logo veja novamente com clareza. Se, ao contrário, teima que está livre do domínio da raiva, está equivocada, há nela uma vontade má que lhe é imputável e que as circunstâncias atenuantes não podem mais escusar.

Desnecessário dizer que muitos Bantus ainda são impressionados pelos acessos de raiva dos europeus. As pessoas de uma aldeia, apesar da ordem dada pelo chefe, haviam esquecido de preparar a residência em que deveria me hospedar, o que resultou em raiva, insultos e imprecações de minha parte. O chefe, longe de se associar a minhas imprecações, roga para que eu retire minhas falas inconsideradas e rancorosas: "Kokilokosyanya, Tata!", para que a aldeia não sofra com elas após minha partida.

Em outra aldeia, onde me deixei dominar pela raiva, as pessoas se diziam: "Não, ele não é mau; nós é que somos maus..." A única solução era se conformar ao que o padre havia dito.

Em revoltas, os insurgentes... e muitos outros diziam: "Os brancos são maus, desejam nossa morte". Era a simples verdade, uma vez que os colonizadores apenas os exploravam, ignorando sistematicamente o valor "humano" e as "razões" dessas pessoas.

A expressão, especificamente bantu, só é compreensível através de suas concepções.

A prova exterior que resulta de toda influência nefasta voluntária é fornecida expelindo-se saliva. É o que se pratica notadamente quando dois amigos se reconciliam após uma discussão. Usa-se isso igualmente quando aqueles que prejudicaram terceiros lhes oferecem reparação, durante sua *confessio parturientis* e ainda durante a despedida de um pai a seu filho, a cuja partida o primeiro inicialmente se opunha. Mais tarde teremos de retornar a esse caso de aplicações particulares.

c) A má influência vital inconsciente

Aqueles que viveram entre os Bantus encontraram frequentemente ilustrações vivas de casos em que uma pessoa se vê acusada de influência nefasta, e é condenada pela doença ou morte de outrem, sem que tenha culpa ou mesmo má intenção. Muitas vezes, faltam totalmente os elementos de prova, e o erro jurídico parece evidente ao testemunho europeu. E, no entanto, constata-se que a pessoa acusada, após ter apresentado uma defesa fraca, submete-se às indicações de decisões dos adivinhos, ordálios ou sentença dos anciãos e sábios, e aceita a pena que lhe é infligida. Fatos semelhantes permanecem inexplicáveis aos olhos dos justiçadores europeus. Creio ter encontrado uma explicação suficiente para isso na filosofia dos Bantus.

As forças vitais são ordenadas por Deus, com exceção da intervenção humana. A hierarquia das forças é um ordenamento ontológico, baseado na natureza íntima das coisas, estranho a toda convenção e interferência externa. Todas as forças estão em relação de interdependência estreita, de essência a essência e sem recurso necessário a meios externos. As forças vitais não são, aliás, valores quantitativos matemáticos; não são também valores qualitativos estáticos definíveis pela filosofia. São forças atuantes, não apenas em si e sobre si, mas forças cuja ação pode irradiar em todo o universo de forças, na medida em que se propagam conforme suas relações vitais próprias.

Em uma aldeia dos Baluba percebi um cabrito todo deformado, e as pessoas vieram me dizer: "Seria melhor que o proprietário desse cabrito matasse seu animal, pois vai atrair o infortúnio sobre todos os rebanhos da aldeia". Muitos autores indicaram que anteriormente os Bantus jogavam no rio os recém-nascidos malformados. É bem conhecido que os Bantus levam seus doentes para fora das aldeias, para serem cuidados na estepe ou na floresta, só os trazendo de volta após curados. Eu me permitiria dizer que um nativo da região de Stanleyville se afastou de lá para se matar por ter levantado a mão para sua mãe. As reações que o nascimento de gêmeos provoca em certas tribos é um fato igualmente bem conhecido. Esse acontecimento é considerado, senão anormal, ao menos extraordinário, e impõe, portanto, ritos particulares. Há alguns anos, na região de Milambwe, ao norte de Kamina, caçadores mataram um antílope de cinco patas. Nenhum Bantu ousou saborear a caça, que foi levada intacta à missão protestante estabelecida na região.

Esses casos provam que os Bantus admitem influências vitais perfeitamente inconscientes. Todo fenômeno inusual, todo ente anormal é designado pelos Baluba como "bya malwa", e essas excentricidades são consideradas por eles um problema na ordem natural, uma força anormal, extravagante. Ora, se todas as forças estão em relação de influência necessária por sua posição vital, resta apenas um passo a dar na direção da conclusão de que uma força, anormal em si, terá habitualmente, senão necessariamente, uma influência desordenadora em direção às forças sobre as quais ela exerce uma ação. Uma monstruosidade é uma força autônoma como qualquer outro ente, mas terá, como toda força, uma influência vital, que será logicamente monstruosa. É necessário defender-se contra ela.

Os Bantus parecem ver um certo automatismo na influência recíproca das forças vitais, um pouco como vemos uma relação necessária entre as engrenagens de um mecanismo. Basta que um pinhão seja excêntrico para perturbar totalmente o movimento.

Os Bantus admitem totalmente essa influência inconsciente não apenas entre os entes inanimados, plantas ou animais, mas também no próprio muntu. Estão convencidos, parece-me, de que o ente humano movido pelos melhores sentimentos, pela melhor intenção vital, ainda assim pode exercer uma influência vital nefasta. Com efeito, quem pode se gabar de conhecer os ordenamentos vitais até suas últimas ramificações? As leis gerais da causalidade, assim como as regras elementares da física bantu, são conhecidas por todo muntu como pertencendo ao patrimônio comum, e são notadamente os critérios que permitem especificar as forças vitais. Porém, o conhecimento particular e concreto permanece sempre aleatório; pertence ao domínio das aproximações e da hipótese. Somente os videntes possuem a faculdade de conhecer com certeza as coisas particulares, e, ainda assim, por vezes, ocorre aos adivinhos se enganarem: "Lubuko lukupile", dizem os Baluba. A tentativa de divinação fracassou, "perdeu", assim como os caçadores perdem sua caça. O fracasso de uma divinação não leva necessariamente os Bantus a concluírem a inutilidade desse meio de conhecimento. Para eles, esses avatares parecem algo muito natural, que resultam da própria natureza das coisas, conforme à natureza da força do conhecimento humano.

Por conseguinte, os Bantus admitem – e estão intimamente convencidos – que os humanos podem, com um ato, com uma atitude ou com sua maneira única de ser, da qual são, de resto, perfeitamente inconscientes, atentar contra a ordem ontológica das forças, e, portanto, prejudicar seus próximos. Vejo apenas essa explicação, fundada na filosofia dos Bantus, para explicar como se curvam diante de uma acusação, quando sabem pertinentemente, em seu foro interior, não terem qualquer intenção consciente de destruição de vida. Parece-me que devem se encontrar em um estado de espírito semelhante ao de quem está aprendendo a dirigir, que está convencido de ter seguido a teoria à risca, que não se recorda de modo algum de uma manobra errada, mas que diante das feridas e fraturas e da máquina demolida, não ousará negar ter sido o autor do acidente.

Ninguém contesta, aliás, que a comunidade bantu reconhece seu direito de se defender contra esse tipo de ataques à ordem vital. A "não vida", a força destruidora da vida, não pode ser tema do direito, ela é antiontológica.

d) O que são, no sentido bantu, a consciência, a obrigação, a falta e a responsabilidade?

A consciência bantu

A consciência moral dos Bantus, sua consciência de serem bons ou maus, de agirem bem ou mal, está igualmente de acordo com sua concepção filosófica, com sua sabedoria. A noção da ordem universal, do ordenamento das forças, da hierarquia vital, é muito clara entre os Bantus. Eles sabem e dizem que essa ordem é intencionada assim por Deus. Eles são conscientes de que, conforme os decretos divinos, essa ordem das forças, essa mecânica de interação de entes, deve ser respeitada. Eles sabem que a ação das forças resulta das leis imanentes, que não se brinca com essas regras, que não se dispõe arbitrariamente das influências das forças. Eles distinguem o abuso do hábito. Têm a noção do que chamaremos uma justiça imanente, que eles traduzem dizendo que a violação da natureza provoca sua vingança, que é geradora de infortúnios. Eles sabem que quem não respeita as leis da natureza se torna "wa malwa", para nos exprimirmos como os Baluba, o que significa que é uma pessoa cuja essência íntima está cheia de infortúnio, cujo poder vital está, por consequência, viciado, e cuja influência sobre outrem é, portanto, igualmente nova. Essa consciência ética, entre eles, é, ao mesmo tempo, filosófica, moral e jurídica.

A noção do dever

A pessoa sabe que são obrigações morais e jurídicas a serem respeitadas sob pena de perder sua força vital. Ela sabe que o cumprimento do dever é a condição de sua integridade e de seu crescimento ontológico. Enquanto integrante do clã, o muntu sabe que, vivendo de acordo com sua posição vital nele, pode e deve contribuir, com o exercício normal de sua influência vital favorável, à manutenção e ao crescimento do clã. Ele conhece seus deveres clânicos. Conhece, igualmente, seus deveres para com os clãs estrangeiros. Por mais hostis que sejam na prática as relações intertribais, os Bantus sabem e dizem que não é permitido matar estrangeiros sem motivo. Com efeito, os estrangeiros são igualmente entes de Deus, e sua força vital tem, portanto, direito de ser respeitada. A diminuição e a destruição de uma vida estrangeira é um problema levado à ordem ontológica, e se volta contra quem a perturba.

As obrigações do muntu aumentam conforme o grau de sua posição vital. O ancião, o chefe, o rei sabem muito bem que seus atos não envolvem somente sua força vital pessoal. Eles próprios e seus subordinados sabem perfeitamente que seus atos terão repercussões sobre toda a comunidade que lhes é subordinada. Daí, o cuidado escrupuloso que encontramos entre todos os povos originários, de proteger o chefe, o fortalecedor da vida, contra todo ataque ao seu poder vital, por um feixe de prescrições e interdições. Eles visam a manter intacto o poder ontológico, sua força vital, fonte da integridade de todos.

A falta e a responsabilidade

As obrigações dos Bantus decorrem de necessidades naturais ou vitais. A falta ou a responsabilidade serão, portanto, proporcionais ao grau de vontade má pela qual a pessoa atentou contra a força vital. Nossa descrição da ética subjetiva já mostrou os graus de falta e de responsabilidade que os Bantus reconhecem. São:

1) a aniquilação voluntária (buloji entre os Baluba);

2) a vontade má incitada;

3) a influência nefasta involuntária e inconsciente;

Toda nova digressão sobre isso seria apenas repetição supérflua.

6

A restauração da vida

As noções de sanção, reparação, punição, emenda e a purificação ontológica

Seguimos o pensamento bantu em sua ciência dos entes (ou seja, das forças) e de sua relação recíproca. Vimos como compreendem sua hierarquia e sua ação ordenada ou problemática, seu poder de fortalecimento ou de enfraquecimento recíprocos. Examinamos em seguida como o comportamento humano, essa força de essência superior, move-se entre as influências vitais e reage a elas. Enfim, vimos que o muntu é mantido, por Deus, pela ordem natural, pela moral e pelo direito positivo de exercer uma influência vital normal e favorável sobre sua ambiência.

Porém, tudo isso nos dá apenas uma descrição ideal da ordem universal, como ela deveria necessariamente ocorrer. A situação de fato se afasta dessa imagem da ordem universal: os Bantus não ignoram que o mal, a desordem, a maldade e o buloji existem. Porém, será que os Bantus admitem que não há luta entre as forças vitais, idealmente conhecidas como propagadoras de vida, e o mal que constatam de fato e cujo caráter próprio é a destruição? Um mundo que fosse apenas mal, onde tudo seria buloji, seria conveniente? Ou, melhor, existe um mundo ideal que oferece uma ordem prática apesar da presença do mal? A força vital, a ordem, o direito, são utopias, junto às quais o universo e o mundo real seriam apenas mal, ou seja, negação, isto é, um contrassenso?

Esse é o eterno problema do mal, que talvez preocupe mais o pensamento ocidental civilizado do que o dos povos originários. Como Deus existe? Como poderia tolerar tantas injustiças, tantos horrores como esses que nosso tempo conhece?

Entre os Bantus subsiste a convicção de que a vida é mais forte que a morte, que o direito é maior que a injustiça, que a vontade vital é mais poderosa que as forças destrutivas. Ao menos para uma reparação final eles apelam a Deus. Deus possui o direito, a plenitude do direito, Ele o exerce soberanamente, não obstante e contra aquele que o viola. Mesmo durante a vida terrena o vemos intervir para recordar as exigências de seu direito pelo emprego de pragas e infortúnios com os quais pode afligir os povos. No próprio ordenamento da hierarquia dos entes, Ele depositou a força de uma defesa imanente de sua lei. Os anciãos, tanto os que estão vivos como os que estão no domínio dos mortos, foram dotados por Deus de uma arma poderosa: o anátema, ou o retrato da influência vital de paternalização.

Todo aquele que recebe a força vital é dotado de um direito à vida e dos meios para reivindicar e eventualmente restaurar seu direito lesado. A força vital dada pelo Criador não é uma força precária, mas um poder pleno de vida suscetível de se manter, capaz também de oferecer uma resistência às vontades más que tentam destruí-la. Do mesmo modo, os "remédios" ou "meios" de saúde (manga) são praticamente ofensivos e perniciosos, para aqueles que fazem um uso inconsiderado ou irreverente deles, e para aqueles que desejariam atentar contra a força vital do proprietário ou chefe (mfumu) desse bwanga.

Assim, os Bantus não só estão convencidos de que existe uma ordem hipotética, ideal, perfeita e não realizada, mas também sabem que na ordem prática, a despeito da presença do mal, a força real possui um poder de restauração da vida, de reparação do direito. A força vital é praticamente armada contra a força destrutiva. O direito e a justiça são fortes contra a injustiça.

Para compreendermos bem como se coloca para os Bantus o problema da luta da vida contra a morte, do bem contra o mal, da justiça contra a injustiça, três questões iniciais se apresentam:

1) Em que consistem principalmente o mal e a injustiça?

2) Qual mal e qual injustiça postulam reparação?

3) Como o mal e a injustiça são retificados?

1. Em que consiste principalmente o mal e a injustiça?

Do que precede, vemos que o que os Bantus entendem por mal é a injustiça para com Deus, para com a ordem natural que é a expressão de sua vontade.

O mal e a injustiça para com os ancestrais e anciãos consistem em atentar contra a sua posição vital. Isso ocorre quando alguém mais jovem toma uma decisão autônoma, dispõe de um bem clânico, sem reconhecer seus anciãos; quando alguém se dirige a juízes estrangeiros para entender o direito, ou quando faz pessoalmente uma convenção com esses.

Para com estrangeiros de *status* equivalente, a injustiça não possui o mesmo caráter de injustiça que para com os anciãos ou os irmãos do clã. Porém, como diante de Deus, diante da hierarquia natural das forças e da posição de vida clânica, as injustiças para com pessoas estrangeiras ao clã constituem essencialmente um ataque à força vital, uma diminuição de vida. Como tais, essas injustiças constituem um mal ontológico, um atentado ao ser, por conseguinte, um mal moral e uma injustiça.

Já dissemos que a vida do muntu não se restringe apenas à sua pessoa, mas se estende a tudo que é paternalizado por sua influência vital, a tudo que é ontologicamente subordinado: progenitura, terra, posses, gado e todos os outros bens. Toda caridade, ajuda e assistência valem, em primeiro lugar, como apoio, um desenvolvimento de vida para quem é beneficiado. Seu valor se mede diretamente à custa dessa vida fortalecida. Assim, toda injustiça, por mínima que seja, mesmo que incida simplesmente sobre o bem material, será considerada, em primeiro lugar, um ataque à integridade do ente, à intensidade da vida. Toda injustiça é, primeiramente, um atentado contra a vida (leia-se, contra a força vital), contra a pessoa lesada, e seu malefício resulta do grande respeito devido à vida humana, suprema dádiva de Deus. Nesse sentido, toda injustiça, todo ataque contra a vida humana (ao seu poder vital paternalizando pessoas e bens sob sua dependência), é um mal enorme, um mal proporcional ao valor da vida, ultrapassando infinitamente as estimativas do dano material sofrido, expressas em termos econômicos. Não será, portanto, a importância do dano sofrido, mas antes a medida da violação de vida sofrida que servirá de base de apreciação para a reparação ou para a compensação.

2. Qual mal postula reparação?

Como, para os Bantus, o pior malefício e, em suma, o único verdadeiro, encontra-se no ataque dirigido à força vital, seria, no mínimo, surpreendente que pudessem encontrar uma medida comum de reparação na lei do talião. O olho por olho, a restituição do objeto roubado ou o estabelecimento de tabelas de tarifas de compensação não podem se fundar em sua concepção de vida centrada no ente humano. Como iriam mensurar o bem e o mal feitos a uma pessoa segundo critérios que lhe são exteriores? A seus olhos, isso negligenciaria o essencial: a restauração da ordem ontológica e da força vital que foram perturbadas. Mesmo que a reparação tenha um caráter de transferência de bens naturais, é considerada uma restauração de vida.

Convém estudar o costume dos povos originários conforme suas normas. É somente assim – e valendo-nos da comparação das instituições, dos princípios de alcance universal – que poderemos compreender o direito dos povos originários e sistematizar o direito clânico. Ainda que seja possível compreender assim os princípios e o encadeamento de um sistema jurídico, jamais compreenderemos o fundamento racional e o espírito desse costume sem acessarmos a filosofia desses povos e o direito natural na forma que eles os concebem. Em seu livro notável, Possoz (1943) teve o grande mérito de reconhecer que, ainda que os juristas possam sistematizar um conjunto de regras consuetudinárias tiradas da prática do direito dos nativos, devem recorrer à ontologia desses povos para que os compreendamos.

Ora, o direito dos povos originários é, essencialmente, um direito de pessoas, muito mais que um código de bens. É um direito da vida, não um direito dos bens, de sua propriedade e de sua transferência. É apenas pela filosofia das forças vitais que podemos compreender quão razoável é, do ponto de vista bantu, essa concepção do direito consuetudinário, que permanece irremediavelmente fechada ao nosso modo de pensar econômico, enquanto o isolamos de suas bases.

Ilustremos essa tese com alguns exemplos.

Quando um Muluba consente em emprestar 30 francos a alguém de outro clã, que se encontra pressionado por uma necessidade extrema, por exemplo, para evitar a ordem de execução do imposto, esse último admitirá, e todos os Baluba com ele, que foi "salvo", "liberto" pelo primeiro. Não se trata, aqui, de empréstimo e de adiantamento, ou, precisamente, há empréstimo no sentido bantu (kukula, dizem os Baluba), que quer dizer salvar, libertar. Ora, é uma pessoa que se salva, que se liberta. Vemos, então, continuamente que, por sua "libertação", pelo que a nossos olhos é apenas o empréstimo de alguns francos, uma pessoa é obrigada e está disposta a pagar um colar de miçangas caro, um fuzil ou um reembolso dez vezes maior do que a quantia adiantada. Se o caso fosse levado aos juízes, esses confirmariam essa obrigação, dizendo à pessoa "liberta": "Reconhece, agora, quem te salvou". Aconteceu que muitas vezes eu tive de me esforçar para explicar a alguns juízes, em meio aos mais íntegros e sábios, que aí havia usura, logro e exploração da miséria humana. Sua resposta, invariavelmente calma, chegava-me do fundo de sua sabedoria bantu: "Ele não a salvou?" E eles complementavam sua sentença com inúmeros exemplos, citando casos em que eles próprios tiveram de pagar somas comparavelmente desproporcionais ao empréstimo.

Muito recentemente (fevereiro de 1945), o chefe da aldeia Kapundwe me revelou suas desgraças. Um amigo da aldeia vizinha de Busangu lhe havia confiado uma jovem ovelha. Um belo dia, flagram o cão de Kapundwe devorando-a. "É provável", diz-me Kapundwe, "que não seja meu cão que a matou. Com efeito, há muitos carneiros na aldeia e jamais meu cão pegou um deles". O fato é que ninguém podia testemunhar que o cão havia matado a ovelha, mas todos o viram comendo seus restos. Kapundwe começou enviando uma ovelha a seu amigo, depois outra, e mais outra, o que dá três ovelhas por uma e acrescentou ainda uma soma de 100 francos. Naturalmente, Kapundwe "achava ruim", mas o que pode nos surpreender nessa "história desvantajosa" não são as exigências – a nossos olhos excessivas – do homem de Busangu, mas o fato de que Kapundwe, expressando descontentamento, encontre-se disposto a pagar semelhante reparação, antes de qualquer decisão ou restrição jurídica. O homem de Busangu dizia: "Bisansa, eu sofro, a perda de minha ovelha me faz mal; para apagar a dor dessa perda, a restituição de três carneiros e de uma soma de 100 francos não é muito; só depois disso poderei esquecer minha dor e me sentir novamente um homem feliz, um homem vivo". É provável que, se Kapundwe tivesse a certeza de que seu cão havia matado a ovelha, sequer teria pensado em reclamar para mim de seu infortúnio. A ovelha vivia em sua casa, sob sua influência vital. Tudo o que ocorresse a esse animal, de bom ou mal, deveria ser atribuído à influência consciente ou inconsciente de Kapundwe.

Junto e além do dano econômico, é a "bisanso" (a dor, o prejuízo) que lhe foi infligida, que funda o direito à reparação. A pessoa ferida em sua fruição da vida, na plenitude de sua força vital, na integridade de sua vida, tem direito à restauração de seu ser. Os danos-interesses materiais têm a única função de lhe fazer essa restauração.

Qual será, portanto, o papel dos juízes? O de apreciar e determinar qual indenização será a justa reparação da injustiça sofrida? Segundo o costume antigo, os juízes se restringem a dizer quem tem razão e quem não tem, quem é "branco" e quem é "preto", quem é "forte" (certo de sua inocência) e quem é "fraco" (e sucumbe). E se vê, aliás, que o esforço dos litigantes é por serem declarados brancos, recobertos de "pemba" (caulim) ou de cinzas – o que testemunha que são brancos interiormente, que são ontologicamente puros, limpos de toda influência vital má, livre de toda vontade destrutiva. Os culpados são, ao contrário, ditos "pretos", ontologicamente contaminados, maus, porque atentaram contra a "vida" de outrem. Aqueles que são ditos "brancos" e "fortes" estão no direito de exigir a reparação de sua vida; e o pagamento das indenizações econômicas, da restituição etc., segue, portanto, seu curso natural, embora se admita que, em uma sociedade ordenada, a autoridade zela pela execução das sentenças. Porém, a determinação da quantia da reparação, da natureza da indenização, não é mais da jurisprudência propriamente dita. É quem foi lesado que tem, em princípio, o direito de dizer o que estima necessário para sua satisfação, para a restauração da plenitude de sua força vital. Muitas vezes, os juízes confirmam e apoiam as exigências do "forte".

Poderíamos multiplicar os exemplos, mas basta retermos aqui aqueles com o objetivo particular de destacar que, para os Bantus, a reparação jurídica tem sempre o caráter de uma restauração da força vital.

3. *Como o mal e a injustiça são retificados?*

a) As injustiças para com as forças vitais superiores

As faltas cometidas contra as forças vitais superiores (Deus, os ancestrais, os anciãos vivos ou antepassados) não podem ser consideradas uma diminuição desses entes. Segundo as concepções bantus, a diminuição de uma força superior por uma força que lhe é subordinada é uma impossibilidade metafísica. Porém, uma força vital inferior pode ignorar, menosprezar uma força superior, o irmão mais jovem pode se revoltar contra seu irmão com mais idade. Aquele que age assim voluntariamente age como se quisesse atentar contra uma vida superior, como se tentasse diminuí-la, como se tentasse se apropriar de seu lugar na hierarquia vital. Uma conduta assim, que não leva em conta a posição vital superior de Deus, dos ancestrais ou dos pais vivos e mortos, equivale a uma negociação de seu ascendente. Embora esse comportamento[15] não possa negar a posição vital dessas forças superiores, não constitui simplesmente o que chamaríamos orgulho, irreverência, injúria. Na concepção moral dos Bantus há aí um problema de ordem ontológica, um ataque contra a hierarquia vital.

A reparação de uma falta assim não pode, portanto, ser feita como restauração do dano provocado, como reparação da redução causada à força vital, mas, sim, por um reconhecimento da ordem hierárquica. Esse reconhecimento se faz por oferendas propiciadoras, por uma purificação ontológica, pelo que foi nomeado uma purificação "mágica" ou "ritual" da aldeia e de seus habitantes. Os Baluba se referem a isso como "koyija kibundi" (lavar a aldeia).

Quando uma epidemia assola toda a aldeia, quando os casos mortais se multiplicam, os Baluba não falam mais de lubuko (divinação), nem de manga (remédios mágicos), nem de kulowa (bruxaria). Concluem, antes, que as forças superiores estão perturbadas. É Deus, os ancestrais, os mortos, em suma, toda a ascendência que é perturbada. Em uma circunstância assim os Baluba pagãos dariam qualquer coisa para que o missionário

15. Os Baluba qualificarão esse comportamento de "kibengo", palavra comumente traduzida por "orgulho". Porém, para dizer que alguém tem a mesma idade ou é de uma posição vital semelhante, dirão "temos kibengo para ambos". A verdadeira significação é, portanto, "tratar como igual", o que, evidentemente, é uma desordem e um insulto quando é feito para uma pessoa de posição vital superior.

consentisse em "lavar" a aldeia com sua poderosa "água-benta", pois estão conscientes de que "estão morrendo". Um infortúnio semelhante só pode vir das forças superiores.

Convém precisar aqui como os Bantus percebem sua relação com seus anciãos e as forças do mundo invisível (ascendentes, ancestrais fundadores do clã e o próprio Deus) para justificarem sua reação diante de semelhantes calamidades. Trata-se de definir o *status* jurídico do muntu com relação à hierarquia ascendente das forças que remontam a Deus. Não me parece que os Bantus se considerem sujeitos de direito com relação aos sujeitos de direito eminentes que seriam essas forças superiores. Sua relação com as forças vitais superiores, com as forças antigas, seu pretenso culto a Deus ou aos ancestrais, não possui, na minha opinião, qualquer caráter contratual sinalagmático. Explico-me. Deus é o doador da vida. A vida é uma dádiva gratuita. O doador não pode ter obrigação para com o donatário. Ao contrário dos judeus, que eram conscientes de um pacto, de uma aliança entre Jeová e Israel, ou dos cristãos que, apoiando-se no Livro das Revelações, reivindicam uma nova aliança, um Novo Testamento entre Deus e os humanos, essa noção de um contrato com Deus ou com os ancestrais é totalmente estranha aos Bantus. Inúmeros provérbios bantus lembram, ao contrário, que Deus dispensa seus benefícios e suas pragas apenas segundo sua benevolência. Eles ensinam que o muntu não tem outra escolha senão aceitar o que ocorre. Eles dizem que não dirigem a palavra contra Deus. Quando lhes perguntamos se não lhes ocorre reprovar seus ancestrais por os protegerem mal, eles respondem: "Como poderíamos lhes formular uma reprovação, insultá-los ou recusar honrá-los? Não são eles os grandes que já eram quando nascemos? Não nos precedem? Os chefes de linha, fundadores do clã, precedem os vivos em tantas posições vitais, em tantas gerações e se encontram, por conseguinte, tão próximos de Deus, que vários praticamente os confundem com eles, ou quase. Não constituem o elo supremo que liga o clã a Deus, e não são os mandatários autorizados de quase toda sua progenitura?" A intervenção suprema e imediata de uma influência vital superior é considerada pelos Baluba uma personificação dessa força superior e, comumente, recebe seu nome. Poderíamos supor que as crianças ou os descendentes têm ao menos o direito à vida diante de seus procriadores ou de seus ancestrais: que têm um direito à manutenção e ao fortalecimento de sua vida. Ora, entre os Bantus, a existência de crianças separadas de seus genitores não é concebível, elas só podem ter força em sua relação com seus pais, só têm direito dependentemente de seus anciãos. Dizer que os ancestrais e seus pais têm um dever de fortalecimento vital só pode ser compreendido como um dever intrínseco, um dever ontológico da conservação do clã, um dever para com a força que lhes é superior, ou uma necessidade vital de sua conservação. Em sua ação vital sobre seus subordinados, são os ancestrais ou anciãos que se fortalecem, que se perpetuam em uma descendência numerosa. Não lhes é, portanto, "possível" desejar a destruição de seu clã, e em seus deveres de fortalecimento do clã são necessariamente "irrepreensíveis". Os anciãos ou os patriarcas ainda vivos só podem ser interpelados, advertidos e aconselhados pelos notáveis e antigos, com uma posição vital próxima da sua, se, com seu comportamento, arriscam a colocar em perigo a força vital do clã.

De modo algum uma criança pode fazer um contrato com seu pai, e muito menos um vivo se imaginará fazendo um contrato com os ancestrais. Um comportamento assim equivaleria a uma ruptura da dependência natural, teria o caráter de uma revolta. Seria como pronunciar sua própria sentença de morte. Seria excluir-se da fonte de força vital que, para os Bantus, decorre da estreita dependência de sua linhagem, de seus pais e ancestrais. Se faltas foram cometidas para com eles, só podem ser reparadas pela compunção e pelas oferendas propiciatórias, por um reconhecimento formal da posição vital superior de seus ascendentes, por uma purificação ontológica de si.

b) O mal feito aos inferiores

A explicação fornecida acima sobre relações vitais no núcleo do clã faz-nos compreender que um ancião pode fazer mal a um jovem, à sua descendência; pode restringir sua paternalização, e, com isso, colocar sua descendência em um estado diminuído, abandonando-a em uma força vital reduzida; pode inclusive maldizê-la e condená-la. Essa diminuição vital expõe aqueles que são suas vítimas a serem presas de influências vitais nefastas. Embora semelhante abandono não tenha o caráter de uma ruptura com seus inferiores, como ocorreria se tivessem um direito autônomo, representa, contudo, uma falta contra a natureza, um ataque contra a vida. Uma ação assim é, da parte de um pai, uma atitude contrária à vontade divina, à sua vida – que engloba a vida de toda sua descendência e, portanto, ao interesse do clã e de seus fundadores, dos quais obtém sua força vivificante.

Uma falta assim só pode ser reparada se for substituída em suas justas relações vitais para com seus descendentes. Como existe uma "maldição" (kufinga, em kiluba), existe uma revogação dessa maldição (kufingulula). Se ocorrem faltas contra o vínculo matrimonial (por exemplo, as relações extraconjugais) que podem ter efeitos nefastos sobre a criança que nascerá, essa má influência pode, porém, ser reparada pela *confessio parturientis* ou a confissão da falta. Se a oposição do pai contra seu filho que quer abandonar a aldeia (para ir trabalhar com os europeus, por exemplo) lhe vale uma maldição, existe, ao contrário, uma "bênção", kupela mata (expelir saliva) – o que pode ser feito enviando-lhe a saliva em uma folha –, significando que o jovem não recebe a maldição nem a vontade destrutiva de seu pai. Se um homem reprova sua esposa por exercer uma má influência sobre seus filhos, por ser causa de sua doença, pode convidá-la a "kutompola" (se lamentar), para que sua queixa afaste a influência nociva ou prove que não existe.

A reparação da falta de diminuição vital sobre a descendência se traduz sempre pela restauração da boa influência paternalizante. Essa restauração é sempre acompanhada de cerimônias exteriores que a mostram e a provam.

c) As faltas cometidas contra iguais

As reparações aos mortos e aos espíritos. Entre os Bantus há uma diferença essencial e claramente marcada entre os ancestrais e os inúmeros mortos (sobretudo, aqueles de um passado recente), que não pertencem propriamente à linhagem ascendente dos ancestrais, pela qual a influência vital dos primeiros pais descende à descendência viva.

Os fundadores do clã, que estão no topo da linhagem, são de uma posição vital tão superior, estão tão perto do criador, que, entre os Baluba, não se os designa mais como "bafu" (mortos), mas como "ba-vidye" (entes espiritualizados). São os primeiros fortalecedores de vida além de Deus, e para cada clã são como a imagem, a personificação de Deus. A diferença que os Baluba estabelecem entre os ba-tata ou ba-nkambo – para designar os intermediários da linhagem ascendente – e os ba-fu – mortos comuns pertencentes ao clã, que não eram chefes de clã quando vivos e que, portanto, não o são após sua morte – é, no mínimo, igualmente característica.

Com os fundadores e ancestrais não se trata de pacto ou de relações contratuais, como dissemos. Não se pode insultá-los nem desprezá-los, não se pode ameaçá-los de ruptura, pois isso significaria simplesmente a morte dos vivos. Quando uma calamidade se abate sobre o clã não se trata de acusar os ancestrais, mas unicamente de testemunhar em seu luto um vínculo filial renovado, que permite aceder novamente à influência vital dos ascendentes.

Mas, para os ba-fu, os antepassados comuns, o mesmo não ocorre. Muitos mortos de antigamente são esquecidos, desapareceram. Os mortos de uma época mais próxima, os que ainda são conhecidos, os que foram conhecidos vivos, são mais ou menos considerados iguais. Entre esses mortos, as relações são ora clânicas, ora individuais; há relações de direito natural ou de necessidade vital, mas também relações e obrigações de um caráter antes contratual. Evidentemente, essas relações entram sempre no quadro das concepções ontológicas bantus da relação de forças, e, precisamente, nessa ordem, as relações podem ser boas ou más, ordenadas ou desordenadas, justas ou injustas, tanto do ponto de vista dos vivos como dos mortos. A restauração poderá, portanto, ter o caráter da renovação do vínculo vital, ou da ruptura, conforme estejamos lidando com relações clânicas ou individuais.

Ilustremos com alguns exemplos:

Pouco tempo após a morte de um muntu é possível saber se se trata de pessoa morta favorável ou nefasta. Os adivinhos determinarão se uma doença ou infortúnio, que sobreveio no período que segue sua morte, deve ser-lhe imputada. Uma pessoa morta assim, que vem atentar contra a vida dos integrantes de seu clã, ou que, exercendo uma influência nefasta sobre estrangeiros, compromete seu clã, que permanece responsável por seu ato, por ser solidário a ele, será designada entre os Baluba como "mufu wa kizwa" (uma pessoa morta má, rancorosa ou malévola (wa nsikani)). Aqueles que são responsáveis por essa pessoa morta se apressarão, então, em reparar as negligências ou os prejuízos a ela relacionados, fazendo o luto e lhe prestando as honras às quais teria eventualmente direito. Porém, se a falta foi reparada, ou se os vivos nada têm supostamente a se reprovar a seu respeito, é a pessoa morta que será considerada faltosa se não consentir em encerrar sua influência nefasta. Ela, portanto, não tem direito de diminuir, de enfraquecer, direta ou indiretamente, o clã sem motivo. Encontramo-nos diante de um caso de buloji da parte dessa pessoa morta. A restauração vital, a reparação do mal que fez, só pode, em um caso assim, encontrar-se na luta que empreenderão os integrantes vivos do clã contra essa irmã pervertida. Essa é a autodefesa da vida contra o elemento destrutivo. Convirá insultar e injuriar essa pessoa morta, tentar-se-á persegui-la, recorrer-se-á à necessidade dos manga, ou seja, às "forças naturais" e, se isso não bastar, pedir-se-á ao ministério do "homem dos manga" que retire dessa pessoa morta o que lhe pode restar de força, para a paralisar em sua ação nociva. Assim, não poderá mais ter relações com os vivos, nem sequer renascer, o que é a extrema diminuição da vitalidade. Chega-se inclusive a desenterrar o cadáver para o queimar e espalhar suas cinzas. Aí está o signo operante de sua influência aniquilante. Os Baluba dizem, portanto, que a pessoa foi rechaçada ao "kalunga ka musono" ou "kalunga ka masika", que designa o lugar maldito, o inferno (*géhenne*), de onde ninguém jamais retornou, de onde não pode exercer mais influência alguma. A pessoa morta está, portanto, totalmente "morta", subtraída dos vivos. Assim, a vida ordenada é restaurada diante do problema da perversão, da desordem. É uma purificação ontológica do clã que foi operada.

Outro exemplo:

Uma pessoa morta, uma integrante simples do clã, pode seguir uma mulher (kulonda, em kiluba), para renascer em seu fruto para renovar seu nome no clã. Isso constitui uma influência vital clânica favorável, um fortalecimento do clã, que não se opera contra nem fora da influência dos ba-tata (ascendentes), no qual essa pessoa, aliás, tinha ela mesma seu nome. Semelhante influência não deve ser repelida, mas, ao contrário, deve ser muito acolhida, e seria uma falta da parte dos vivos não dar à criança que vai nascer o nome do que "retorna". Isso seria privar essa criança da patronagem fortalecedora dessa pessoa ancestral e de a sujeitar a nascer como fora do clã.

Mas há "retornados" que podem seguir alguém com um objetivo pessoal. Isso pode ocorrer, notadamente, na caça. Essa "perseguição" se manifesta por incidente inesperado: acidente, doença, sonho ou presságio. Todavia, esses signos só serão explicados com certeza como advertência desse ou daquele espírito ou antepassado com a intervenção do adivinho. Entre os Baluba há relatos de espíritos tutelares da caça (bakisi ba luvula); são espíritos semelhantes ao vento, que não possuem corpo, que jamais foram humanos, que não trazem nomes humanos e que não nasceram entre os humanos. Eles seguem os caçadores para ser honrados, para receber suas oferendas, para os deixar desfrutar de sua proteção, para lhes proporcionar a sorte na caça, para lhes assegurar "um fuzil forte". É evidente que os caçadores consentem com essa ajuda preciosa; eles erigirão um local de preces e oferendas para "seu" espírito tutelar. Evocarão esse bom espírito como "meu" espírito ou "meu" retornado, pedindo-lhe: "Ajuda-me!" Porém, se o espírito ou morto tarda a fornecer a ajuda, veremos seus devotos exclamarem: "O quê? Pretendes me seguir na caça e obter tua oferenda? Eu faço o que eu posso, mas tu me abandonas. Não faço mais coisa alguma para ti", enquanto saem de seu lugar de prece, ou derrubam enraivecidos a cabana votiva que lhe haviam erigido. Aqui aparecem claramente relações sinalagmáticas individuais, nas quais a observação das obrigações de um é condição dos deveres de outro. A injustiça se restabelece com as reprovações e com o eventual rompimento do pacto.

Assim, a evolução que parte de uma filosofia simples e passa pelo princípio da interação ontológica das forças, rumo a casos de aplicação "mágica" sempre mais factícios e complicados parece constituir a trama comum da história do pensamento dos Baluba, dos outros povos bantus, e, talvez, de todos os povos originários. Há casos de aplicação que inundam a vida comunitária clânica simples, sufocando a antiga veneração dos ancestrais, e a substituindo por múltiplas "práticas mágicas" em busca de fortalecimento vital individual fora da hierarquia clânica. Em muitas tribos bantus encontramo-nos diante de desvios abusivos da concepção inicial da influência vital, do fortalecimento da vida. É, sem dúvida, pelo estudo objetivo dessa situação, de fato, que os etnólogos foram levados a concluir que o culto aos mortos tinha, entre os Bantus, um caráter de obrigações contratuais recíprocas. A meu ver, é mais conforme à realidade dizer que é após uma evolução, uma deformação, que essas relações de caráter contratual sinalagmática inundaram o direito natural clânico antigo. Porém, ainda restam anciões – muitos deles entre os notáveis obstinados e conservadores dos Baluba ba Kasonga a Nyembo – que, imbuídos da filosofia das forças vitais, ainda vivem e respeitam o antigo direito clânico, a despeito dos abusos e das excrecências.

d) A restauração vital entre os vivos de mesmo *status* jurídico

Entre os vivos de direitos iguais pode haver ataques ontológicos, influências redutoras da vida, danos jurídicos que podem ser reparados.

O buloji, ou a vontade má, não pode ser reparado ou corrigido. Diante desse mal há apenas um remédio, que é a eliminação da maldade intrínseca em nome dos direitos da vida. Quem é mau, quem é, por essência, força destrutiva, deve ser paralisado por todos os meios em sua ação maldosa. Essa pessoa malfeitora deve ser eliminada com a morte, e, mesmo depois, com a cremação. Toda a comunidade na qual vivia o muloji pode e deve participar da cerimônia; o muloji é, com efeito, o inimigo número 1 de todo seu séquito, não conhece leis, nem ontologias, nem juristas, nem direito clânico, nem direito das gentes.

Contudo, como vimos, há também a maldade incitada, que não busca o mal em si, mas da qual saem efeitos maus. Quando se lida com uma pessoa assim incitada, espera-se que se acalme, que a raiva a deixe. Somente então se lhe pedirá que preste contas do mal que disse ou fez, a menos que ela mesma já forneça suas explicações e que repare o que dê lugar a reparação. Essa reparação, mesmo que envolva uma compensação de perda material, possui um caráter mais profundo: um arranjo amigável assim jamais se dá sem a intenção expressa de reparação vital, ou, se quisermos, de restauração da ordem ontológica. Se maldições foram proferidas (kufinga), dão lugar a uma revogação (kufingulula); se uma má sorte foi lançada (kulowa), a influência má eventual deve ser neutralizada (kulobolola); se um infortúnio foi atraído à parte adversa, a reconciliação comporta a retratação do infortúnio (kusubula) e o restabelecimento da parte lesada na plenitude de sua força, que é acompanhado entre os Baluba de um contato das articulações com um objeto de ferro (símbolo da força). As influências más eventualmente exercidas sobre a caça coletiva são neutralizadas pela retratação pública da pessoa que praguejou (kutula mwifyaku). Cada uma dessas reparações vitais é acompanhada da prova externa da expulsão da vontade má pela emissão de saliva (kupela mata).

Quando a pessoa que cometeu um erro por vontade má incitada permanece rancorosa mesmo após ter recobrado os sentidos, pode ser forçada à reparação vital pela força e pela imposição, seja diante dos tribunais ou fora da ação jurídica.

Quando os erros foram provocados ente iguais e no interior do clã, o chefe dispõe de meios domésticos para levar a pessoa agitadora, que perturbou a vida do clã, à restauração da ordem. Ele pode repreendê-la, ameaçá-la, humilhá-la, colocá-la "atrás dos irmãos lesados" na hierarquia do clã, ou, pior ainda, rejeitar sua filiação, expulsá-la do clã, não intervir mais para defender seu direito, e, por conseguinte, destituí-la de seus direitos, rompendo a paternalização vital com essa integrante pervertida do clã.

Vimos, enfim, os erros involuntários que a influência vital má, inconsciente, pode provocar. Assim como os judeus poderiam inconsciente e involuntariamente se tornar impuros (por exemplo, pisando sobre uma sepultura sem a ver), os Bantus podem perturbar a ordem ontológica sem intenção[16].

Essa desordem deve, porém, ser restabelecida sob pena de atrair o infortúnio. Entre os Bantus, a reparação consiste sempre em afastar da comunidade o mal e a causa do mal. A vida da comunidade deve ser purificada. É assim que deve ser explicado o costume de jogar os fetos abortados no rio, no pântano ou na estepe. Toda anomalia, todo defeito, toda monstruosidade física e toda doença participam de algum modo do buloji e podem ter uma influência maléfica por constituírem um problema à ordem. Contra todos esses males existem práticas purificadoras, ritos, proibições, abluções etc. Entre os Bantus de todas as regiões são abundantes os exemplos desse tipo de defesa.

---

16. Cristo teve de corrigir entre seus contemporâneos várias dessas deduções errôneas da filosofia originária.

Conclusões

Embora tenha sido necessário me ater a desenhá-la em traços amplos, espero ter feito uma exposição da concepção bantu da luta do bem contra o mal, do direito contra a injustiça. É uma luta que, entre os Bantus, só pode terminar com a restauração vital.

Deus exige o reconhecimento de sua posição vital. Ele pode compelir os humanos lançando pragas (bipupo) sobre suas aldeias. Em última instância, o atentado à ordem da natureza encontrará sua reparação no inferno (kalunga ka musono).

Os fundadores do clã e os ancestrais o usam igualmente, mas em um grau menor, sob a hierarquia divina e em conformidade com os decretos divinos.

Para os humildes é apenas uma via para a manutenção e desenvolvimento da vida, do bem, do direito: o reconhecimento das forças vitais superiores, e a manutenção de sua posição vital, ou, caso se a tenha descartado, sua restauração na dependência e no vínculo à hierarquia das forças. Diante das forças naturais há apenas, segundo os dispositivos divinos, uma atitude possível: o uso regular, respeitoso e prudente das forças naturais. Todo abuso contra a natureza dessas forças, toda profanação ontológica, reclama reparação. A ordem deve ser restaurada. A aldeia contaminada deve ser purificada.

Restauração vital, purificação do ente e sanção compreendidas nesse sentido são noções bantus. Pena, multa e compensação são noções jurídicas europeias... exceto se as integrarmos, modificando seu conteúdo, no quadro da restauração vital.

7

A FILOSOFIA BANTU E NOSSA MISSÃO CIVILIZADORA

1. Os não civilizados... e nós – Multa honorável

Se nossa hipótese corresponde à realidade, e nos faz tocar o fundo da alma nativa, seremos obrigados a realizar uma revisão de nossas concepções fundamentais sobre os não civilizados. Seremos obrigados a corrigir nossa atitude a seu respeito[17].

Essa "descoberta" da filosofia dos Bantus poderá parecer desconcertante. Seremos tentados a pensar que estamos diante de um fenômeno de miragem. Com efeito, a falsa imagem do ente humano originário, dos não civilizados, dos antropomorfos, que permaneceu aquém do pleno florescimento da inteligência, evanesceu irremediavelmente diante desse testemunho. Ao contrário, como a visão bíblica do ossário que se anima, reúne e assume rapidamente forma humana ressuscitada, no início distinguimos vagamente, mas rapidamente com mais clareza, e em seguida de modo evidente, o verdadeiro ente humano originário que muito desconsiderávamos. Na multidão inumerável de massas de nativos, nas faces animais desprezadas, vemos desvanecer as expressões bestiais que atribuímos a esses não civilizados, e é como se, re-

17. "As análises tão profundas e tão sugestivas de Frei Tempels renovam do modo mais apropriado os pontos de vista fundamentais da etnologia, e me parecem também trazer luzes preciosas sobre a mentalidade com a qual os missionários poderiam abordar as almas dos 'nativos'" (Jacques Maritain, *Bulletin des Missions*, n. 3, Loppem, Bélgica, 1946).

pentinamente, um vislumbre de inteligência se iluminasse, irradiasse, cintilasse nessas faces animais transformadas em aspectos humanos. Temos a impressão de que essas massas vão se revoltar contra sua pretensa humildade, revestindo-se da consciência de sua sabedoria própria e de sua concepção do mundo, diante do grupo contido, certamente civilizado, mas tão cheio de soberba, do mundo ocidental. Sentimos que se tratará de falar "de sabedoria a sabedoria", "de ideal a ideal", "de concepção do mundo a concepção do mundo". Não é "o crepúsculo dos deuses"?

Os etnólogos da escola evolucionista já se perturbaram com "constatações problemáticas" quando descobriram que foi entre os povos mais originários, os menos evoluídos, que encontraram a noção mais pura e mais elevada de um Deus único. A descoberta da filosofia bantu não levará a outras constatações desse gênero? Parece, com efeito, que as anomalias errôneas, as aplicações inadequadas da filosofia dos povos originários que assinalamos no corpo desta obra são geralmente de data recente. O pensamento antigo se encontra mais são e mais puro precisamente nas tribos mais conservadoras.

2. Uma impressão lamentável para os "educadores"

A descoberta da filosofia bantu exerce sobre aqueles que se ocupam da educação dos Bantus um efeito perturbador. Colocamo-nos com muita frequência diante deles como o todo diante do nada. Em nossa missão educadora e civilizadora temos a impressão de partir da tábula rasa, pensamos ter, no máximo, que justificar nossos não valores, para estabelecer fundações sólidas sobre um solo desnudo. Estávamos convencidos de que deveríamos ignorar costumes estúpidos, crenças vãs perfeitamente ridículas, essencialmente más e desprovidas de todo sentido.

Pensamos educar crianças, "crianças grandes", e isso parecia muito fácil. Eis que, de repente, parece-nos que estamos lidando com uma humanidade adulta, consciente de sua sabedoria e imbuída de sua filosofia universal. E eis que não sentimos o chão sob nossos pés, que perdemos o chão, que nos perguntamos: "Como fazer agora, para conduzir os Bantus?" Pois o problema é outro, a saber: o de reeducar as pessoas formadas, ou deformadas, se quiserem, ou de começar a educação das crianças receptivas a todos os estímulos. Antes de ter "repensado" a filosofia bantu, e sem ter compreendido claramente sua profunda influência sobre o menor ato e gesto do muntu, talvez já pressintamos a onipresença de um pensamento bantu que permeia profundamente seu comportamento. Sentimos que era necessário levá-lo em conta. Uma realidade assim não pode ser camuflada, eliminada, negada ou ignorada por educadores conscienciosos. A questão é saber como, e em que medida, será necessário levar em conta essa realidade.

3. A presença de uma filosofia bantu pode abrir horizontes promissores aos educadores

Quando os educadores reconsideram a situação à luz dessa revelação, renunciam sem relutância às antigas concepções concernentes aos Bantus, de modo que as novas perspectivas que se abrem são carregadas de esperanças. Se os Bantus possuem uma filosofia definida, uma sabedoria profunda e um comportamento fundado, talvez possamos encontrar aí uma base válida sobre a qual lhes será possível construir sua civilização. Talvez constatemos que, até o presente, edificamos sobre a areia, e compreendamos então os motivos pelos quais nossa obra educadora não teve aquela influência profunda que desejaríamos. Talvez expressemos um arrependimento por todo o tempo e todo valoroso trabalho que perdemos, mas ficaremos felizes em afagar a esperança de havermos enfim descoberto o ponto de partida sólido. Ficaremos felizes por ter encontrado "entre" os Bantus "algo" a enobrecer. Sabendo o que os torna "humanos", ser-nos-á possível os fazer melhores, sem nos considerarmos obrigados a matar, inicialmente, o humano que já estava neles. É muito fácil negar e ignorar a humanidade dos “não civilizados”, e a destruir com as melhores intenções do mundo. Será, sem dúvida, mais difícil, pois isso supõe uma forte dose de humildade, generosidade e interesse pelo outro, amar os humanos como são, tentar compreendê-los, colocar-se em seu lugar, adquirir sua mentalidade. E, contudo, como se poderia “educar” e ganhar a confiança sem dar essa prova de caridade humana?

Qualquer que seja a dificuldade do problema é necessário que todos os humanos de boa vontade colaborem para separar na filosofia bantu o que é válido do que é falso, a fim de que tudo que possua um valor verdadeiro possa servir imediatamente à educação e à civilização desses “nativos”.

4. Qual deve ser o ponto de vista dos educadores diante da filosofia em geral?

Dissemos que apenas nossa missão civilizadora pode justificar nossa ocupação do solo dos não civilizados. Todos os nossos escritos, conferências e emissões radiofônicas repetem à saciedade nossa vontade de civilizar os Bantus. Sem dúvida, encontramos pessoas que gostam de ver os progressos da civilização no melhoramento das condições materiais da existência, na habilidade profissional, na melhoria da habitação, alimentação e vestimenta, na intensificação da produção e do consumo, na higiene e na instrução escolar. São, com certeza, “valores” úteis e mesmo necessários. Mas isso é civilização? A civilização não é, sobretudo, um progresso da pessoa humana?

Em seu livro famoso *L’homme cet inconnu* [O humano, esse desconhecido] (1935), Alexis Carrel observa que nosso progresso mecânico, material, industrial e, mais geralmente, econômico, não ajudou muito o progresso da humanidade; que, ao contrário, contribuiu amplamente para tornar o humano moderno menos feliz, por ter ignorado e negligenciado o humano. Aqui e ali recentemente ficamos sabendo de vozes de pessoas ponderadas que se erguem para exigir que o ente humano seja reconhecido como a norma da economia.

Uma das melhores coisas que os europeus levaram aos povos nativos negros é sua lição e seu exemplo de atividade. Porém, a industrialização, a introdução da economia europeia, a inflação permanente da produção não dá, necessariamente, a medida da civilização. Isso pode, ao contrário, reverter em destruição da civilização se não levar em conta suficientemente o ente humano, a pessoa humana. A civilização é um valor que repousa no humano, e não em tudo que se encontra ao seu redor e fora dele.

Ser civilizado não é, sobretudo, ser capaz de ter uma concepção inteligente do mundo e da vida, de ter convicções sobre seus fins, e de se impregnar, de se entusiasmar a ponto de se sacrificar e de sofrer por suas convicções?

O que significaria uma civilização vazia de sabedoria, de entusiasmo vital? Como pretender imaginar uma civilização separada de filosofia, ideal, inspiração?

Que educação se poderia oferecer, enfim, sem levar em conta uma filosofia e um ideal, desprezando propensões e aspirações da alma humana?

5. Que atitude os educadores devem adotar diante da filosofia dos Bantus?[18]

Se impor a um povo uma civilização vazia de filosofia, de sabedoria, de vida e aspirações espirituais é um crime contra a educação, seria ainda mais grave destituir os povos de seu patrimônio, do único bem suscetível de servir de ponto de partida a

18. "O cristianismo... (não é)... o monopólio de uma forma particular de civilização. Ele se adapta facilmente a todas, purifica todas, dá a todas a conclusão de seu caráter próprio, orientando-as para Deus, para a outra vida, a vida eterna, e, por isso, aperfeiçoa todas conforme o sentido do humanismo verdadeiro e são" (Pio XII, em uma alocução aos jornalistas gregos em abril de 1948).

uma civilização superior. Seria verdadeiramente inconcebível os educadores europeus se obstinarem a matar nos africanos seu espírito humano próprio, essa realidade única, que nos impede de os considerar entes inferiores! Seria um crime de lesa-humanidade, da parte dos colonizadores, emancipar os povos nativos do que é valoroso, do que constitui um núcleo de verdade, em seu pensamento tradicional, em sua filosofia e em seu ideal de vida, formando uma parte integral da própria essência de seu ser. Temos a pesada responsabilidade de examinar, apreciar e julgar essa filosofia originária, e de não deixar de descobrir aí o núcleo de verdade, que deve, necessariamente, encontrar-se em um sistema tão completo e tão universal, constituindo o bem comum de uma massa imponente de nativos ou de nativos evoluídos. Temos de remontar com eles às fontes, até o ponto em que sua evolução se envolva em uma via falsa por aplicações errôneas, e, desse ponto de partida valioso, ajudar os Bantus a construírem uma civilização verdadeira, sólida e enobrecida.

A cada dia percebemos um pouco melhor que a civilização europeia dispensada aos Bantus constitui apenas um revestimento superficial, sem tocar profundamente sua alma. Constatamos que aqueles que chamamos evoluídos simplesmente não ousam mais professar sua sabedoria original diante dos europeus, e que, assim, praticamente renunciam seus ancestrais. Por que não os ajudamos a reconhecer sua verdadeira sabedoria através de seus desvios práticos? Por que não os ensinamos a descobrir e respeitar os antigos elementos de verdade sempre valiosos em suas tradições? Por que não conduzimos sua evolução a partir dessa base solidamente bantu?

Devemos reconhecer que, em geral, os resultados são lamentáveis. A cada dia vemos os recursos tão ricos da alma bantu, mas a situação geral nos força a constatações angustiantes. Encontramo-nos, atualmente, em meio a uma massa de evoluídos, que olham com desprezo seus congêneres, mas que se encontram eles próprios perdidos diante da vida, que não sabem mais dar um sentido a ela. Nossos pensamentos e aspirações lhes foram servidos, com efeito, em uma forma totalmente inassimilável, e o que lhes tentaram ensinar de nosso pensamento ocidental lhes permaneceu completamente estranho.

6. Podemos descobrir na sabedoria bantu uma base sã e sólida para uma civilização bantu?

O princípio central da filosofia bantu é o da força vital. O recurso e o fim de todo esforço bantu são apenas a intensificação dessa força. Salvaguardá-la ou aumentá-la, eis a chave e o sentido profundo de todos os seus usos. É o ideal que anima a vida do muntu, é a única realidade que pode movê-lo, é a única coisa pela qual se encontra disposto a sofrer e se sacrificar. Essa nostalgia da alma bantu na direção do fortalecimento da vida foi corrompida. Ela pretende, com certeza, submeter-se à direção divina e se restringir aos recursos das forças naturais como lhes foram disponibilizados por Deus. Até nas práticas mágicas ela dirige suas invocações a Deus, para que esses meios sejam eficazes. Porém, desvia-se, sem cessar, por uma exasperação da busca pelo fortalecimento vital, para realidades que não são a vida, ou para os meios pretensamente mais eficazes (mágicos) do fortalecimento.

Os entes humanos desejam ver o que é invisível, ter a prova do que creem. São levados a substituir o "signo" pela realidade invisível, e a inventar meios mecânicos e automáticos para fazer a vida humana progredir. Substituem as forças que ultrapassam a eles e a Deus. Lá onde parece faltar os reforçadores reconhecidos, eles tentam prover por si o fortalecimento de sua vida. Inventam cada vez mais meios exteriores de salvação e os consideram cada vez mais signos que operam por si, independentemente das disposições internas humanas.

Os Bantus passam do uso das plantas e raízes ao uso "condicionado ou cerimonial" dessas forças, daí ao "kulang-wila miji" (a intensificação das raízes) por uma pessoa qualificada ou iniciada, para chegarem aos manga detectados, preparados e tornados operantes pelo nganga. Constatamos a existência simultânea desses diversos remédios nuançados do empírico ao mágico.

O princípio geral da interação das forças se encontra nuançado e modificado. Os Baluba nos dizem que a maior parte dos manga, ou remédios "mágicos", são invenções recentes.

Felizmente, a multiplicação de meios exteriores, eficazes pela influência do ente humano, termina revelando sua estupidez, e os Bantus não escondem a dúvida de sua alma com relação ao exagero dos manga. Essa dúvida se exprime inclusive em seus provérbios.

Assim, a despeito dos abusos e da alteração das crenças, identificamos entre eles esse bom-senso universalmente humano, que se vincula à compreensão mais sólida dos princípios originais de sua filosofia das forças. A despeito da fraqueza e da ignorância que os Bantus compartilham com todos os humanos, e apesar de todos os erros dos europeus – que cooperavam para a aniquilação do espírito bantu –, os Bantus, evoluídos e outros, conservam ainda as concepções do ente essencialmente dinâmico, do crescimento ou da diminuição das coisas, da interdependência e da interação dos entes, das posições vitais e da hierarquia ontológica. Sua ontologia se vincula sempre à fé antiga inabalável de que toda vida vem de Deus ou de nossa conformidade à ordem natural das coisas. Ainda hoje, para o muntu somente uma realidade única vale ser buscada acima de tudo, a saber: a força vital intensa, única norma da vida possível.

Embora, entre os "evoluídos" ou "aqueles que seguiram os europeus", muitos pareçam completamente materializados, como tantos colonizadores, felizmente, são em maior número os que guardam algo desse dinamismo humano de seus pais. Poderíamos dizer inclusive que a maioria dos evoluídos sofre intensamente de uma angústia essencialmente humana. O que desejam, antes e sobretudo, não é o melhoramento de sua situação econômica ou material, mas o reconhecimento e respeito por sua dignidade humana e seu pleno valor humano, por parte dos europeus. Sua queixa principal e fundamental é o fato de serem tratados continuamente como "imbecis", "macacos" ou "nyama". Por essa exasperação profunda mostram-se os dignos filhos de seus pais.

Todas as esperanças são permitidas enquanto subsiste essa aspiração humana.

Esses evoluídos tão desprezados – e, atualmente, tão profundamente desconfiados e amargurados – serão os colaboradores mais zelosos dos europeus quando souberem que trabalham apenas pela evolução plena e total de sua pessoa humana.

Notemos que, desde o primeiro contato, os Bantus nos consideraram – nós, os europeus – do único ponto de vista possível: o de sua filosofia. Eles nos integraram na hierarquia dos entes-forças, em um nível muito elevado. Eles estimavam que fôssemos forças poderosas. Não parecíamos ser mestres de forças naturais jamais controladas? Para eles, essa prova era conclusiva. A aspiração natural da alma bantu era, portanto, poder participar de nossa força superior. Com relação a isso, a sociedade bantu conta já com alguns desiludidos, notadamente, entre aqueles que tornamos "evoluídos". Mesmo entre as tribos do interior verificamos que parecem ter perdido a coragem de viver. Esse desespero íntimo foi invocado como a razão principal, como a última explicação da extinção lenta, mas certa, de alguns povos do Congo. Mas, entre aqueles que nomeamos os "basenji", os não civilizados, em meio à gente corajosa do interior, a grande maioria mantém, felizmente, essa nostalgia de participar de nossa força vital.

O que a massa dos Bantus espera de nós, o que aceitará de nós com uma alegria intensa, com uma gratidão profunda, será nossa sabedoria, nossos meios para aumentar a força vital. Por outro lado, se quisermos trazer-lhes algo, se quisermos que reconheçam nossos benefícios, que lhes saibamos dá-los, então, de formas assimiláveis para seu pensamento, que os saibamos apresentar enquanto vias e meios de desenvolvimento, de fortalecimento de seu ser, de sua força vital, e não como meios de aniquilação do espírito bantu.

Nosso sistema de educação e nossa influência civilizadora devem poder se adaptar a esse ideal de força vital. Para que floresça purificando-se, devemos nos colocar a serviço dessa "vida" que já está neles. A concepção do mundo, o ideal da vida, a moral que queremos lhes ensinar deverão se vincular a essa causa final suprema, a essa norma última, e a essa noção fundamental: a força vital. Se não o fizermos, só restará extirpar em sua raiz toda a filosofia bantu. Mas quem estaria em condições de o fazer? Se não empregarmos a intervenção das formas do pensamento bantu para propagar a verdade, a filosofia bantu se recolherá sobre si e o hiato que separa os europeus dos Bantus seguirá se abrindo, sempre mais escancarado e mais profundo.

Restar-nos-á, portanto, alguns renegados do pensamento bantu, traidores de seu povo, que vestiremos elegantemente, abrigaremos confortavelmente e nutriremos racionalmente, sem podermos impedir que se tornem evoluídos de almas vazias e insatisfeitas, imitações de ocidentais, negações de civilizados. Faremos deles vagabundos morais e intelectuais que podem ser apenas, apesar deles, elementos de desordem.

Quando os colonizadores olham para trás, para o caminho percorrido, é difícil terem uma ideia exata dos resultados obtidos. É difícil penetrarem na psicologia dos evoluídos, com os quais o contato é rompido[19], ou conhecerem o valor exato dessas premissas de nossa obra civilizadora.

---

19. Dom Pierard, Vig. Ap. de Beni (Congo Belga), escrevia-me em abril de 1946: "Seu livro chega no momento de nos permitir um exame sério de consciência sobre nossa atitude para com os povos negros. Uns e outros, damo-nos conta de que perdemos mais ou menos o contato com os nativos, que vamos entrar em uma crise... Seu livro ajudará enormemente todos aqueles de boa vontade – aqui na colônia –, tanto missionários como laicos,

No entanto, foram "não civilizados", os "filósofos de estepe", que fizeram o balanço da situação. Eles viram com clareza. Nesses últimos tempos ouvi antigos notáveis repetindo para designar nossa produção moderna de evoluídos europeizados: "São os homens do 'lupeto' (do dinheiro)". Eles me explicavam que os jovens entre os europeus só conheciam o dinheiro, a única coisa que ainda tinha valor em sua vida. Eles abandonaram a sabedoria vital bantu e o respeito à vida por uma filosofia do dinheiro. O dinheiro é seu único ideal, o objetivo, a norma suprema de seus atos. Não têm mais respeito pelas velhas instituições, pelos hábitos e pelos costumes, que, porém, constituíam, no fundo, as regras de aplicação prática da lei natural. Porém, a velha filosofia, as instituições antigas, a sabedoria perene e os hábitos antigos do direito consuetudinário criavam e mantinham a ordem. Ora, tudo isso que era sólido e valioso foi destruído por esse novo valor, por essa norma universal moderna: o lupeto, o dinheiro. Esse é o veredito desses sábios equivocados da estepe!

A evidência é que nossa civilização econômica, nossa "filosofia do dinheiro", mostra-se impotente para civilizar os Bantus, para criar evoluídos no sentido nobre da palavra. Por outro lado, não é provado, por falta de tentativa, que a filosofia e a sabedoria bantus não possam servir de fundação para erigir uma civilização bantu. Há inclusive sérios indícios que permitem concluir que a tentativa vale a pena[20].

---

a se aproximarem dos nativos, compreendendo melhor os pontos de contato que realmente existem entre eles e nós. É somente na medida em que os compreendemos que podemos amar. Após a 'lei do terror', que, parece-me, dominava a colônia até o presente, você se faz o anunciador dos novos tempos da 'lei da caridade'".

20. "Penetrar tão profundamente a alma dos nativos que ensinamos, conseguir ver as coisas, não de acordo com nosso modo de pensar, mas, seguindo os caminhos que eles traçaram, chegar a essas verdades que ainda não conhecem, vê-las pelos olhos de seu espírito, sob um novo ângulo; e apresentá-las a eles como maravilhosamente satisfatórias ou infinitamente superiores a suas aspirações mais íntimas" (*L'âme noire*, Soeur Constance Marie. Editions Grands Lacs, Namur, vol. II, p. 5, 1948).

7. É necessário declarar o fracasso do cristianismo como meio da civilização dos Bantus?

Recentemente, em uma região ainda muito povoada da colônia, houve uma douta conferência de autoridades coloniais regionais... com exceção das eclesiásticas. Ao longo dessa reunião foi discutido o problema da evolução dos Bantus, e, em conclusão do debate, foi constatado que a experiência de vários lustros de evangelização mostrou que o cristianismo se revelou incapaz de os civilizar. Em suma, declarou-se aí o fracasso do cristianismo em seu trabalho missionário... Concedemos a esses senhores o mérito de não terem tentado propor um método diferente e melhor para civilizar os Bantus, a não ser que se considere como tal as sugestões: melhoramento dos métodos culturais, formação técnica de artesãos, aumento da produção e intensificação do comércio... que figuravam na ordem do dia. Não há dúvida, infelizmente, de que aos olhos de algumas dessas autoridades estava aí o único progresso e a real civilização dos Bantus!

Reconheçamos, porém, que não são apenas nos meios laicos que se constatou que os esforços de evangelização entre os Bantus não foram coroados de um pleno sucesso. Com certeza, resultados notáveis foram atingidos, resultados sólidos que, talvez, não afetem o profano e que não possam ser compreendidos em estatísticas sensacionais. Há múltiplos casos de generosidade e de dinamismo que fazem com que nos envergonhemos de nós mesmos. Mas qual missionário pode se declarar plenamente satisfeito com o nível espiritual de seus devotos bantus? Algo vai mal. Em algum lugar falta algo.

Essa inadequação seria inerente ao cristianismo em si? Ou reside no método de evangelização? Ou é necessário, enfim, culpar os próprios Bantus? Concluiremos que eles não são suscetíveis de aceder à civilização?

Para quem adere a essa última opinião há apenas um conselho: eliminar sistematicamente os Bantus, ou, mais prudentemente, fechar suas malas para voltar para a Europa! Não pensamos, tampouco, que haja lugar aqui para discutir o valor intrínseco da concepção cristã da vida humana...

É aos colonizadores de boa vontade que esta obra é dirigida. A cada dia vemos os presságios felizes do interesse crescente que a classe intelectual da colônia mostra de assumir sua real missão de guia. Submeto as reflexões que desenvolvi, portanto, ao julgamento leal daqueles que me lerão.

Os Bantus podem ser educados caso se tome como ponto de partida sua aspiração indestrutível para o fortalecimento vital. Senão, não os civilizaremos. A massa soçobrará, sempre mais, nas aplicações falsas de sua filosofia, ou seja, nas práticas "mágicas" humilhantes. Durante esse tempo, os outros, os evoluídos, constituirão uma classe de pseudoeuropeus, sem princípios, sem caráter, sem objetivo, sem sentido.

Pode-se objetar: Admitamos que essa aspiração de fortalecimento vital se encontra na base de todas as propensões dos Bantus, mas onde isso nos leva? Com o que rima essa convicção? Como poderia servir de base para uma verdadeira civilização? Esse tema do poder vital é, em suma, apenas um produto da imaginação bantu, uma ideia subjetiva que não corresponde a uma realidade. Nesse sentido, essa ideia não pode servir de ponto de partida, não pode constituir um fim, não pode ser aceita como norma, não pode conduzir ao real[21]. Não nos é possível, assim, renunciar à nossa acepção razoável, objetiva ou científica do real para entrar nessa via.

21. "É muito claro, se Frei Tempels estiver correto, que o sistema bantu de pensamento não é tolo, infantil ou incoerente, embora propenso à corrupção pelas práticas mágicas; e deve ser considerado com seriedade" (A.D. Ritchie, professor de Filosofia da Universidade de Edimburgo, em *International Review of Missions,* julho de 1947). "Esse não é um exemplo isolado dessa metafísica. Encontramos uma mostra disso tanto na filosofia grega como na chinesa e mesmo nos desenvolvimentos mais recentes da filosofia europeia. Não necessitamos nos surpreender e muito menos nos escandalizar com vozes profundas, com tipos reconhecidos de metafísica" (Rev. P. P. Charles, SJ, *Bulletin des Séances de l'Institut Royal Colonial Belge* 17, n. 2, p. 524-532, 1946).

O valor dessa objeção é indiscutível do ponto de vista puramente racional. Notemos, porém, que há, em nosso século XX, um sistema de pensamento no qual o fortalecimento da vida ainda é aceito como uma realidade, e que se encontra na doutrina cristã. O que para a ciência racionalista ocidental permanece uma hipótese, uma teoria não demonstrada, notadamente, o desenvolvimento interno e intrínseco do ser, como ensinam os Bantus, é precisamente isso que ensina a doutrina cristã da graça fundada sobre a certeza da revelação.

Mesmo em nosso século XX a Igreja não cessa de ensinar e professar essa realidade, e os cristãos guardam sempre a aspiração ao fortalecimento da vida, a elevação da vida, a supernaturalização da vida, a participação na vida de Deus. A Igreja crê na participação constante de uma vida supernaturalizada, no desenvolvimento interno pela união com Deus.

Mesmo hoje, a espiritualidade católica ensina que Deus criou a humanidade por sua riqueza vital própria, por bondade, para permitir às criaturas participarem de sua vida divina, de sua beatitude. Essa participação, é-nos ensinado, pode ocorrer de inúmeras maneiras, de um modo sempre crescente. Ou seja, existe sobre a Terra uma possibilidade de desenvolvimento vital interno, intrínseco e sobrenatural. Essa doutrina espiritual intensa, que anima e alimenta as almas na Igreja Católica, encontra uma analogia impressionante no pensamento ontológico dos Bantus. Chegamos, assim, a essa conclusão surpreendente, de que o paganismo bantu, sua antiga sabedoria, aspira, do fundo de sua alma, à própria alma da espiritualidade cristã. É somente no cristianismo que os Bantus encontrarão alívio de sua nostalgia secular e a plena satisfação de suas aspirações mais profundas. Eis o que me repetiram muitos pagãos bantus. O cristianismo, e, notadamente, em sua forma mais elevada, a mais espiritualizada, é o único contentamento possível do ideal bantu. Mas é indispensável expor a perene doutrina nos termos do pensamento bantu, de fazer aparecer como fortalecimento vital e elevação vital da vida cristã que lhes propomos.

A civilização bantu será cristã ou não será. A europeização superficial das massas só pode matar o bantuísmo. Mas como o cristianismo pôde informar uma civilização ocidental, contém, na verdade de sua doutrina e no dinamismo humano que suscita, os recursos para sublimar e enobrecer uma civilização bantu.

8. Uma última objeção: o ideal bantu da força vital seria exclusivamente terreno, material

Se o ideal bantu fosse exclusivamente temporal, não veríamos como poderia servir de fundamento a uma cultura superior. Sejamos claros: de fato, entre os Bantus (como entre nós, na Europa), a noção cotidiana da felicidade está muito mediocremente ligada ao simplório e ao imediato. Porém, erraríamos ao concluir disso que suas aspirações são exclusivamente materialistas, e que as preocupações morais, religiosas, humanitárias superiores lhes são totalmente estranhas. Os exemplos são abundantes e, ao longo do desenvolvimento desta obra, citei alguns, que provam que as aspirações morais, jurídicas, metafísicas e religiosas fazem parte essencial dos esforços para uma vida intensa. Esses poucos exemplos podem bastar para que se admita que, sob a aparência das preocupações mesquinhas que ocupam manifestamente a trama das preocupações cotidianas, encontra-se no fundo da alma bantu uma aspiração, um apelo irredutível a um "fortalecimento de vida infinita". Todo fortalecimento de vida se encontra implicitamente incluído nessa nostalgia, hoje, ignorante de sua verdadeira destinação.

Os Baluba o dizem expressamente: "Pode-se possuir a riqueza, a prosperidade, ter uma progenitura numerosa, e, porém, alguns dias se fica obcecado por 'pensamentos' (kulanga), ou tomado de 'nostalgia' (bulanda), e se encontra 'kuboko pa lubanga' (a cabeça apoiada sobre a mão, sem saber por que, senão porque o coração humano jamais está satisfeito)".

Que seu ideal de "bumi" (vida) não se restringe somente à força física, mas se estende ao ente inteiro, isso aparece, aliás, claramente na importância que vinculam e ao respeito que testemunham na bênção paterna ou materna, e no medo que têm de ser "malditos" por seus genitores. Isso aparece ainda em sua aversão profunda pelo "mal" e por toda destruição vital, e, notadamente, pelo ódio, ciúme e mentira, quaisquer que sejam suas diferenças práticas nessa matéria. Sua alta concepção da força vital aparece, enfim, na concepção elevada que tem, em suas discussões, da ordem social, do direito e da injustiça: ela se traduz, notadamente, pela teimosia que testemunham na perseguição da restauração da vida, conforme a ordem vital desejada por Deus.

Em vez de afirmar que o ideal bantu permanece material até em suas formas mais elevadas, parece ser necessário dizer que, mesmo em suas preocupações mais materiais, os Bantus se colocam em um ponto de vista elevado de sabedoria vital, vinculando-se a seus princípios filosóficos.

O mínimo que se pode dizer é que vale a pena verificar essas teorias nas diversas tribos, em uma tentativa honesta. Essa tentativa já foi realizada por vários com um efeito surpreendente pela reação espontânea das audiências nativas. Apesar de tudo, os Bantus das diversas tribos são juízes e testemunhas do valor da hipótese das forças vitais que foram apresentadas aqui.

Kamina, junho de 1944 – junho de 1945

Fotos

Machado de desfile. Cabo de madeira. Lâmina de ferro forjado.
Altura: 0,34
Baluba, Congo Belga
Coleção Charles Ratton, Paris

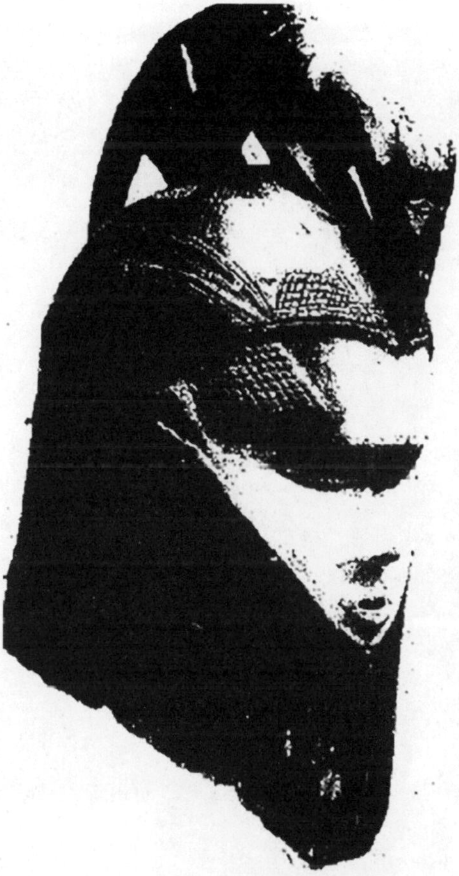

Máscara encimada por uma figura de animal.
(A face está pintada com argila branca.)
Altura: 0,52
Bayaka, Congo Belga
Coleção Charles Ratton, Paris

Estatueta de relicário. Madeira patinada vermelha.
Altura: 0,34
Banfumungo (?), Congo Belga
Coleção John D. Graham, Nova York

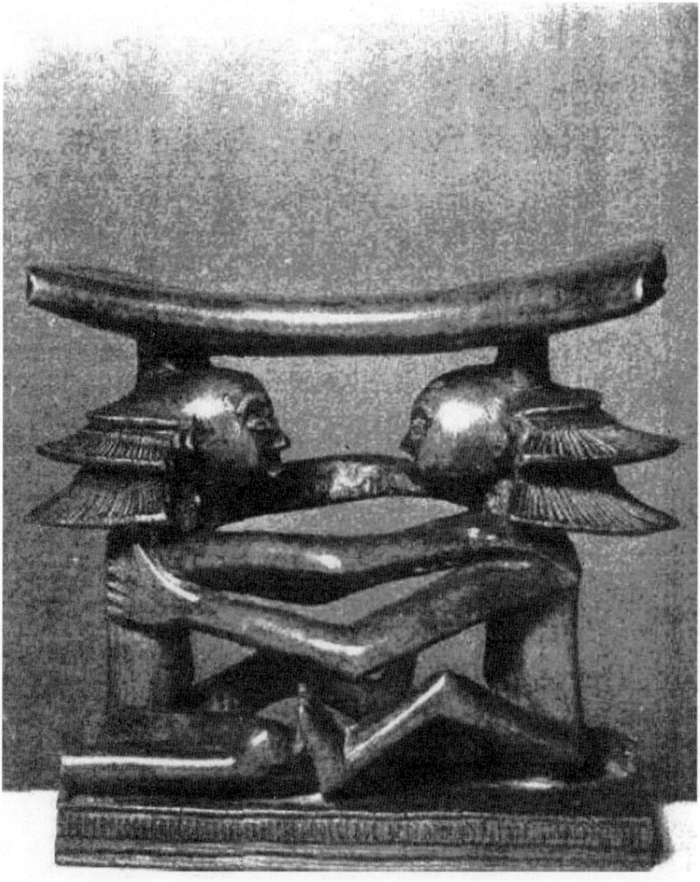

Apoio de nuca em madeira.
Largura: 0,20
Baluga-Hemba. Congo Belga
Coleção Charles Ratton, Paris

Estatueta de marfim.
Altura: 0,20
Warega, Congo Belga
Coleção Charles Ratton, Paris

Apoio de nuca em marfim (cor laranja).
Altura: 0,16
Wazimba, Congo Belga
Coleção Charles Ratton, Paris

Taça de madeira patinada preta.
Largura: 0,63
Baluba, Congo Belga
Coleção Charles Ratton, Paris

Estatueta dupla formada por uma figura masculina
e de uma figura feminina encostadas.
Madeira pintada em violeta-vermelho e branco.
Altura: 0,81
Kuyn (região de Fort-Bousset), Congo Belga
Coleção Charles Ratton, Paris

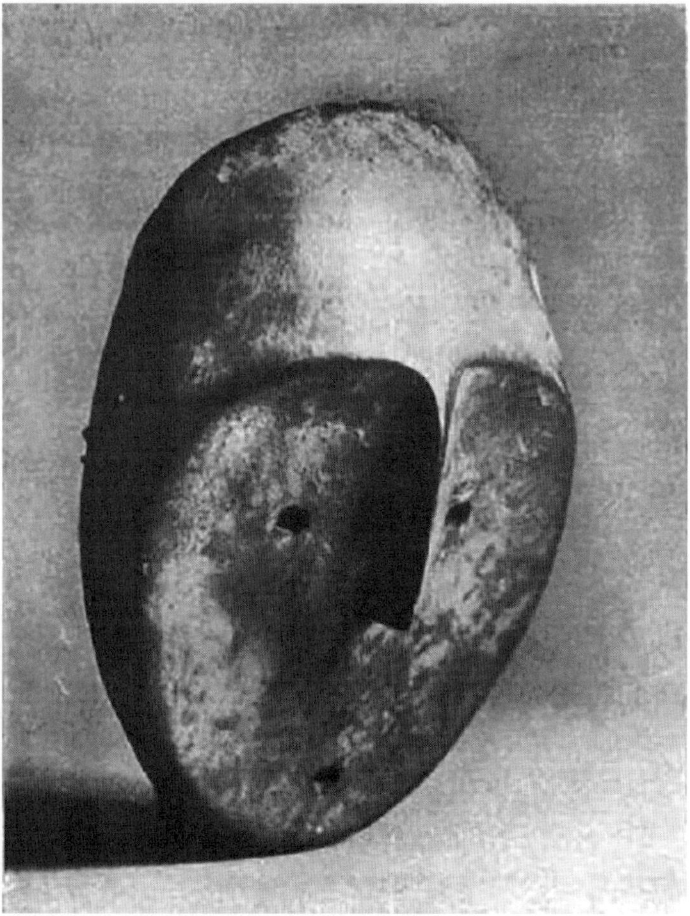

Máscara de madeira.
Warega, Congo Belga
Altura: 0,22
Coleção particular, Estados Unidos

Estatueta em madeira patinada preta.
Warega, Congo Belga
Altura: 0,20
Coleção particular, Estados Unidos

Referências

ALLIER, R. *La psychologie de la conversion chez les peuples non civilisés*. Paris, Payot, 1927.

ALLIER, R. *Le non-civilisé, et nous*. Paris, Payot, 1927.

BURTON, W.F.P. *L'âme luba*. Elisabethville, Ed. *Revue juridique du Congo belge*, 1939.

CARREL, A. *L'Homme, cet inconnu*, Paris, Plon, 1935.

CONSTANCE-Marie, Soeur. *Essai d'adaptation I: Babira. II: L'âme noire*. Editions Grands Lacs, Namur, vol. II, p. 5, 1948.

LE ROY, A. *La religion des primitifs*. Paris, Beauchesne, 6. ed., 1925.

MARITAIN, J. (Citado em nota.) *Le Bulletin des missions 20*, n. 3, Loppem, Bélgica, p. 170, 1946.

PIERRE CHARLES, S.J. *Bulletin des Séances de l'Institut Royal Colonial Belge* 17, n. 2, p. 524-532, 1946.

PIO XII. (Em uma alocução aos jornalistas gregos, em 24 de abril de 1948.)

POSSOZ, E. *Les Eléments de droit coutumier nègre*. Prefácio de M.A. Sohier, Elisabethville, 1942.

RITCHIE, A.D. *The Approach to the Bantu* (La philosophie bantoue). *International Review of Missions* 36 (julho de 1947), p. 396-698.

WESTERMANN, D. *Der Afrikaner Heute und Morgen*. 2. Ed. Essener Verlaganstalt, 1942.

EDITORA VOZES LTDA.
Rua Frei Luís, 100 – Centro – Cep 25689-900 – Petrópolis, RJ
Tel.: (24) 2233-9000 – E-mail: vendas@vozes.com.br